KB231403

세상에 대하여 우리가
더 잘 알아야 할 교양

12

지은이 ｜ 감수자 ｜ 옮긴이 소개

지은이 케이 스티어만

케이 스티어만은 무기무역반대시민단체인 CAAT(Campaign Against Arms Trade)의 언론담당자로 활동하며 세계의 무기 생산 중단을 위해 노력하고 있습니다. 어린이와 청소년을 위한 책들을 다수 저술했으며, 저서로는 《노숙자》《안락사》 등이 있습니다.

감수자 김재명

〈프레시안〉 국제분쟁 전문기자, 성공회대 겸임교수(정치학박사)로 활동하고 있습니다. 저서로는 《오늘의 세계분쟁》《눈물의 땅 팔레스타인》 등이 있습니다.

옮긴이 이찬

광운대학교 영어영문학과를 졸업했으며, 현재 번역에이전시 엔터스코리아에서 전문번역가로 활동 중입니다.

세상에 대하여 우리가 더 잘 알아야 할 교양

상에 대하여 우리가 알아야 할 교양

케이 스티어만 글 | 이찬 옮김 | 김재명 감수

12

군사 개입

과연 최선인가?

차례

※ 본문의 **굵은 글씨**로 표시된 단어는 105쪽 용어 설명에서 찾아보세요.

2,400년 전 고대 그리스의 역사가 투키디데스는 그의 저서 《펠로폰네소스 전쟁사》에서 이렇게 기록했다. "전쟁은 시민의 일상적인 생활을 혼란 속으로 몰아넣을 뿐 아니라, 법과 정의를 무시하고 인간의 본성을 공격적으로 만든다." 그리스 문명의 꽃을 피웠던 아테네 시민들이 전쟁의 광풍에 휩싸이는 것을 지켜보면서 투키디데스는 인간의 공격적 본성에 깊은 절망감을 느꼈다.

이라크와 아프가니스탄 그리고 이스라엘-팔레스타인을 비롯한 21세기의 분쟁 지역에서 벌어지는 상황도 마찬가지다. 고대 그리스, 도시 국가의 전쟁보다 더 폭력적이고 파괴적인 현대의 전쟁들은 투키디데스가 절망했다는 인간의 공격적 본성으로는 설명이 부족하다. 거기엔 여러 복합적인 요인들(이를테면 석유를 비롯한 자원 탐욕, 무정부 상태의 국제 체제, 전쟁이 터지기를 은근히 기다리는 군수 회사를 비롯한 어둠의 세력 등)이 깔려 있다.

지금도 우리는 어디선가 유혈 투쟁이 벌어졌다는 소식을 날마다 듣는다. 무력 충돌, 국제 분쟁, 내전, 무장 투쟁, 민족 해방 전쟁, 테러 등등 그 이름도 다양하다. 지금껏 많은 국가와 집단들이 여러 가지 이유로

서로를 죽이고 피를 흘려 왔다. 미국 국제정치학계의 거목으로 꼽히는 케네스 왈츠는 전쟁이 어느 누구에게도 도움이 안 된다는 뜻에서 "전쟁에서 누가 이겼느냐고 묻는 것은 샌프란시스코 지진에서 누가 이겼느냐고 묻는 것과 같다."고 말했다.

21세기 지구촌의 고민은 어떻게 전쟁을 막고 평화를 누릴 것인가, 일단 전쟁이 터지면 더 큰 희생이 일어나는 것을 어떻게 막을 것인가에 모아진다. 유엔 평화유지군을 비롯한 국제 사회의 군사 개입은 지구촌에 평화의 나무를 심기 위한 매우 중요한 행위이다.

케이 스티어만의 《군사 개입》은 21세기 지구촌 분쟁을 이해하도록 길잡이 역할을 하고 있다. 각 지역 분쟁의 사례들이 잘 정리되어 있고, 독자들로 하여금 국제 사회가 지구촌 평화유지를 위해 어떤 노력을 기울이고 있는가, 그리고 그 한계는 무엇인가를 생각해 보도록 이끌고 있다. 이 책을 읽으면서 독자들 마음속에도 평화의 비둘기가 날아들길 기원해 본다.

들어가며 : 군사 개입을 둘러싼 논쟁

보스니아에 안전지대는 없었다

1991년 유고슬라비아가 분열되면서 민족 집단 간에 폭력 분쟁이 시작되었다. 제2차 세계대전이 끝난 뒤로 유럽에서 이렇게 오래도록 싸움이 지속된 적은 없었다. 가장 심각한 피해를 입은 곳은 보스니아-헤르체고비나였다. 격렬한 전투가 벌어진 

이 지역은 물론이고, 인접한 크로아티아와 세르비아의 민병들까지 가세하면서 사태는 걷잡을 수 없이 커졌다.

결국 분쟁의 확산을 막고 피해를 줄이기 위해 유엔(UN: United Nations, 국제연합)이 나섰다. 유엔은 제2차 세계대전 말기에 전쟁 방지를 위해 설립된 기구로, 현재 가입국은 193개국에 달한다. 1991년 2월, 유엔은 크로아티아의 '**안전지대**'를 보호하기 위해 유엔 보스니아 평화유지군(UNPROFOR)을 창설하였고, 39개국으로부터 39,000명에 달하는 병사를 파견하였다. 1992년 유엔은 인도주의적 지원과 난민 보호를 위해 관리 지역을 보스니아까지 넓혔다.

유엔 평화유지군이 보스니아에서 임무를 수행하기는 쉽지 않았다. 먼저 보스니아는 험난한 산악 지형에 겨울 추위가 닥치면 통신과 교통 사정이 열악해지는 작은 국가였다. 세르비아계 무장 세력들에 의해 곳곳에서 전투가 벌어졌고, 분쟁 세력 간의 동맹과 휴전 상태 역시 시시각각 변화했다. 무고한 시민들이 살해되거나 고문을 당했으며, 고향에서 멀리 떨어진 곳으로 강제 이주되기도 했다. 일종의 '**인종청소**(특정 집단을 몰살시키려는 시도)'가 이뤄진 것이다. 이로 인해 수십만 명이 고향을 떠나 난민 캠프 또는 폭격되어 부서진 건물에 살게 되었다.

보스니아의 수도, 사라예보는 원래 다양한 종교와 인종이 어울려 사는 활기찬 도시였다. 그러나 이제는 위험천만한 도시가 되어 시민들이 모두 뿔뿔이 흩어졌다. 1992년 4월부터 세르비아의 지원을 받는 병력이 사라예보를 봉쇄하고, 식량, 의약품, 식수, 가스, 전기 공급을 차단했다. 도시 주변 언덕을 장악한 세르비아계 군사들은 일반인을 향해 총을 겨누었고 포탄으로 사라예보를 폐허로 만들었다. 죽고 부상당하는 사람들이 늘어났지만 세르비아계 군인들이 곳곳에 지뢰를 묻어 두어서 시민들은 탈출조차 할 수 없었다.

유엔 보스니아 평화유지군이 처음으로 맡은 임무는 협상을 통해 사라예보 공항을 다시 여는 것이었다. 유엔의 보호 아래 사람들은 식량과 의약품을 전달받았고, 안전한 곳으로 떠날 수 있었다. 유엔 보스니아 평화유지군은 안전지대를 지키는 임무도 함께 수행했다. 안전지대는 유엔이 내전 중에 스레브레니차 등지에 설정한 피란민 거주 지역을 뜻한다. 또한 유엔 보스니아 평화유지군은 나토(NATO: North Atlantic Treaty Organization, 북대서양조약기구)군과 협력하여 '비행금지구역'을 운영했다. 민간인을 폭격하지 못하도록 항공기 비행 금지 조치를 내린 것이다.

하지만 상황은 계속 악화되었고 유엔군의 권위도 바닥에 떨어졌다. 유엔군은 평화유지와 인도주의적 지원을 위한 병력과 자원이 바닥나자 어쩔 수 없이 휴전과 무장 해제를 위해 협상에 나섰다.

그러나 유엔의 상황은 계속 불리하게 돌아갔다. 유엔 측 대표가 습격을 받고 납치되었으며, 사라예보의 포위는 풀리지 않았다. 식량이나 물을 얻으려고 줄을 서 있다가 살해당한 여성들과 아이들도 더욱 늘어났다. 사태가 이쯤 되자, 처음에는 유엔 평화유지군을 환영했던 사람들조차 그들의 무력한 대응에 분개하기 시작했다.

1995년 6월, 보스니아계 세르비아군이 민간인 안전지대였던 스레브레니차를 침공했다. 당시 스레브레니차에 주둔했던 유엔 보스니아 평화유지군은 공포에 질린 민간인을 보호하지 못했다. 이로 인해 남자 8,000명 이상이 학살을 당했고 여자들도 살 길을 찾아 떠나야 했다.

결국 나토가 군사 작전을 펼치고 국제 사회가 협상을 촉구한 결과

알아두기

오늘날 분쟁 때문에 죽는 사람들 대부분은 군인이 아닌 민간인이다.

1995년 12월이 되어서야 비로소 보스니아 전쟁은 끝이 났다. 하지만 사라예보 포위는 1996년 2월까지 이어졌다.

유엔에게 보스니아 사태는 씁쓸하고 절망스러운 경험이었다. 분명히 성과를 거두었음에도 유엔 보스니아 평화유지군은 전쟁 피해자들을 고통과 궁핍으로부터 보호하지 못했다는 인상을 남겼다. 보스니아 사태는 유엔이 효율적인 평화유지 활동을 좀 더 고민하는 계기가 되었다.

1994년 2월 보스니아의 수도 사라예보 인근 팔레(Pale)의 러시아 평화유지군. 보스니아계 세르비아 지역에서 유엔 관리 활동에 참여하고 있다.

군사 개입이란 무엇인가?

전쟁의 유형은 다양합니다. 제1, 2차 세계대전처럼 수십 개 국가에서 막대한 인명 피해가 일어나는 사태가 있는가 하면 제한적인 사상자만을 유발하는 국경 분쟁도 있지요. 군사 개입도 전쟁의 일종입니다. 때로는 '경찰 업무', '인도적 개입', '평화유지 작전' 등으로 불리지만 이것은 군사 개입의 종류를 설명하는 용어일 뿐이에요. 전쟁과 군사 개입이 어떻게 다른지 설명해 주지는 못하지요.

군사 개입은 세계에서 가장 큰 논란을 불러일으키는 주제입니다. 국제 관계의 의미가 무엇인지, 다른 국가로 무장 병력을 보내는 것이 정당한지에 대한 근본적인 의문을 제기하기 때문이지요.

이 문제가 어려운 이유는 매우 광범한 사안이기 때문입니다. 군사 개입은 여러 가지 방식으로 이루어지고 각각의 방식에는 찬성과 반대 여론이 뒤따릅니다. 2003년 3월 미국이 이라크를 공격했을 때 전 세계는 찬반양론으로 갈렸습니다. 유엔 내에서도 마찬가지였지요. 9년 전에는 아프리카 르완다에서 거의 백만여 명을 대상으로 인종청소가 벌어졌습니다. 이때 유엔은 군사적으로 개입하지 않았고, 학살을 방관했다는 비난을 받았지요. 과연 군사 개입은 정당한 것일까요? 만약 그렇다면 언제, 어떻게 이루어져야 할까요?

각기 다른 견해

종교적이거나 도덕적인 이유로 폭력을 반대하는 사람들은 군사 개입을 용인하지 않습니다. 국제적 긴장에는 항상 평화적인 해결 방법이 있으며, 비폭력 저항으로 얼마든지 군사력에 대응할 수 있다고 주장하지요.

군사 개입은 다른 해결 방법들이 모두 사라졌을 때 최후의 수단으로 사용되어야 한다는 주장도 있습니다. 즉 어떤 국가가 국제법을 위반하거나 국민을 학대하는 등 비도덕적인 행동을 할 때는 비군사적 압력을 가해야 한다는 것이지요. 여기에는 해당 국가 관료들의 비자 발급 거부와 같은 외교적 고립 정책이 포함됩니다. 또 경제 원조를 중단하거나 국제적 제재를 가하는 방법도 있습니다. 문제를 일으키는

█ 2003년 미국이 주도한 이라크 공격 당시에 불타고 있는 유전을 경비하고 있는 군인

국가와 무역을 중단하는 것이지요. 이런 비군사적인 방법은 무고한 사람들의 희생을 막아 줍니다.

　군사 개입이 긍정적으로 활용될 수 있다는 의견도 있습니다. 군사적 행동이 대량 학살을 막을 뿐 아니라, 국제법을 시행하고 평화를 유지하는 데도 도움을 준다는 것입니다. 이를 지지하는 사람들은 문제 상황이 벌어졌을 때 신속하게 유엔의 승인을 얻어 무장 병력을 투입한다면 사태를 해결할 수 있다고 주장합니다. 또 군사적으로 개입하여 치안이 확보되면 국내 갈등은 그 나라 국민들이 해결할 수 있다는 입장이지요.

러시아 전차가 폭격으로 폐허가 된 체첸의 수도 그로즈니를 통과하고 있다. 체첸 전쟁은 극도로 잔인한 싸움이었다.

일부에서는 다른 국가에 일방적으로 군사적 행동을 가하는 것을 강력히 지지합니다. 미국의 유명한 정치 집단인 네오콘이 그러한 예인데, 이들은 세계가 테러리즘을 지원하는 '불량 국가'의 위협을 받고 있다고 주장합니다. 여기서 '불량 국가'란 정상적인 외교적 압력이나

1994년 르완다의 수도 키갈리에서 후투족 신병들이 목재로 만든 모형 소총으로 훈련하고 있다. 일부 사람들은 르완다에서 강력한 군사 개입이 이루어졌더라면 인명 피해를 줄일 수 있었을 것이라고 한다.(81~87페이지 참고)

유엔의 조치가 통하지 않는 국가를 말합니다. 네오콘은 이러한 불량 국가에 맞서 미국과 세계의 안전을 지키려면 군사 개입이 꼭 필요하다고 주장하지요. 유엔이 군사적 조치를 취하지 않는다면 미국이 단독으로라도 움직여야 한다고 주장합니다.

군사 개입에 찬성하거나 반대하는 것은 도덕적인 판단이 필요한 문제입니다. 동시에 실용적인 측면도 고려해야 합니다. 군사 개입 여부를 결정하기 앞서 개별적인 상황을 따져 보는 것이지요. 군사 개입에 의해 희생되는 인명과 재산의 피해가 얼마나 될지, 군사 개입의 목표를 달성할 수 있을지 등을 판단합니다. 특히 사람들이 사태에 어떻게 연관되어 있는지 살펴보는 것이 중요합니다. 관련된 사람들이 민간인인지, 아니면 당사국 군인인지, 그리고 군사 개입이 그들의 삶에 어떤 영향을 미칠지 등이 판단을 내리는 데 중요한 근거가 되지요.

전쟁과 군사 개입의 차이점

그런데 왜 우리는 '군사 개입'이라는 용어를 사용할까요? 많은 사람이 이 말을 '전쟁'이나 '외국 군대의 침공'과 유사한 것으로 생각합니다. 여기서 전쟁이란 2개국 이상의 군대가 벌이는 폭력적 갈등 상황을 의미합니다. 한 국가 안에서 전쟁과 같은 상황이 벌어지는 내전과는 다르지요. 전쟁은 그 유형이 다양합니다. 제1, 2차 세계 대전처럼 수십 개 국가에서 막대한 인명 피해가 일어나는 사태가 있는가 하면 제한적인 사상자만을 유발하는 국경 분쟁도 있지요.

군사 개입은 이러한 전쟁의 일종입니다. 때로는 '경찰 업무', '인도적 개입', '평화유지 작전' 등으로 불리지만 이것은 군사 개입의 종류를 설명하는 용어일 뿐이에요. 전쟁과 군사 개입이 어떻게 다른지 설명해 주지는 못하지요.

그렇다면 전쟁과 군사 개입의 중요한 차이점은 무엇일까요? 전쟁은 보통 공식적인 '선전 포고'를 거치지만 군사 개입은 그렇지 않아요. 군사 개입은 은밀하게 이루어지거나, 외부의 자금 지원을 받는 게릴라 병력에 의해 치러지기도 하지요. 유엔의 평화유지 작전은 군사 개입에 속하지만, 반드시 유엔 안전보장이사회의 승인을 받습니다. 주로 장시간의 토론과 논쟁을 거치지요.

전쟁은 국가 간의 갈등입니다. 이에 반해 군사 개입은 한 국가, 혹은 여러 국가가 병력을 파견하여 다른 국가를 점령하는 것이지요. 공격 받는 쪽은 대개 속수무책으로 당할 뿐입니다. 주로 강국이 약국을 상대로 군사 개입을 시도하기 때문이지요.

또한 전쟁은 누구도 그 끝을 알 수 없는 것과 달리, 군사 개입은 작전 기한이 정해져 있습니다. 군사 개입은 정치 경제적 목적이든 인도주의

알아두기

1945년 이래로 세계 강국들 사이에서 전면전은 일어나지 않았다. 역사학자들은 지금 시대를 '오랜 평화'라고 부른다. 대신, '소규모 전쟁'과 정치적 폭력이 끊이지 않았는데 특히 아프리카, 아시아, 중동에서 많이 일어났다.

유엔 키프로스 평화유지군은 1964년 터키계와 그리스계 키프로스인들
사이에 평화를 유지하기 위해 창설되었다.

적 목적이든 분명한 작전 목표가 있고, 그 목표가 달성되면 끝이 나지
요. 대개 짧은 기간에 끝내려고 하지만 실제로는 몇 년 동안 지속되기
도 합니다.

12세기 몽골의 지도자였던 칭기즈칸은 유목 군대를 이끌고 아시아와
중동의 드넓은 지역을 정복하였다. 칭기즈칸의 군사 작전은 역사상
가장 잔혹한 것으로 손꼽힌다.

군사 개입의 목적

작지만 강인한 집단이 전쟁을 통해 경제적, 정치적 주요 세력으로 변
화한 사례를 역사 속에서 많이 찾아볼 수 있습니다. 군사 개입은 이에
맞서 국력을 통합하거나 반란을 진압하는 수단으로 사용되었습니다.

그 밖에도 군사 개입은 여러 가지 이유로 행해졌습니다. 먼저 경제적인 이유를 들 수 있어요. 새로운 땅과 자원의 개척, 시장의 확대, 무역로의 안전한 보호 등을 위해 군사력을 사용했지요. 때로는 자신들의 종교적 신념을 전파하고 다른 종교 집단을 파괴하려는 목적으로 군사 개입이 이루어지기도 했습니다. 이외에도 다른 국가로 정치적 영향력을 확장하고자 할 때, 외부의 침략을 막거나 국경을 넓히고 자국을 보호하고자 할 때 자주 군사력이 동원되었습니다.

현대 국가들은 군사력을 사용할 때 경제적, 정치적 국력 확대 같은 이기적인 이유를 내세우지 않습니다. 도덕적, 인도주의적 목적의 군사 개입이라고 주장하지요. 하지만 인도주의는 그럴듯한 명분일 뿐, 자국의 이익을 위해 군사 개입을 이용한다는 비판의 목소리가 높습니다. 특히 유엔이나 국제기구들의 지원을 받아 낼 수 있는 강대국들이 이러한 비판의 중심에 서 있습니다.

새로운 영토를 확보하기 위한 군사 개입: 1500년 포르투갈 탐험가들이 브라질 해안의 포르투 세구루 만에 상륙하고 있다. 신세계에 도착한 탐험가들은 종종 원주민들의 반발을 제압하기 위해 군사력을 사용했다.

1990년대 이후 유엔과 국제기구들은 인도주의적인 이유로 군사 개입에 나서라는 압력을 받아 왔어요. 지구촌 곳곳에서 벌어지는 기아와 학살, 전쟁을 그대로 방치할 수만은 없었기 때문이지요. 군사 개입을 통해 전쟁과 학살을 막고 그 피해를 줄이기 위해 적극적으로 나서야 한다는 의견이 지배적이었습니다. 하지만 군사 개입은 항상 논란의 대상이었을 뿐 아니라, 전부 성공적으로 끝나지도 않았습니다. 일부에서는 선진국들이 경제적, 정치적 노림수를 감춘 채 도덕적 이유를 내세워 군사 개입에 나섰다는 비판 또한 만만치 않았지요.

하지만 군사 개입으로 인명을 구할 수도 있는데, 수백만 명에 이르는 무고한 사람들을 마냥 고통 속에 내버려 둘 수만은 없습니다. 게다가 현재 어느 국가나 쉽사리 전쟁에 뛰어들 수 있어 인도주의적인 이유를 내세운 군사 개입은 더욱 많아질 것입니다.

군사 개입이란 무슨 뜻일까?

- 군사 개입은 한 국가가 다른 국가에 무장 병력을 보내는 것이다.
- 경제적 확장, 정치적 지배, 종교나 신념 체계의 전파, 국가 안보 수호 등 의 이유로 군사력이 사용되었다.
- 근래에는 '인도주의적' 목적 때문에 군사 개입이 이루어진다. 인도주 의적 목적이란 국제 평화유지, 재난이나 학살 예방 등을 의미한다.

2

군사 개입의 이유

19세기와 20세기 초에는 특히 식민지 전쟁이 많았습니다. 유럽 국가들이 아프리카와 아시아 지역을 침략해 원주민들을 차례차례 정복해 갔지요. 두 대륙에 값진 자원이 풍부했기 때문입니다. 유럽 국가들은 식민지의 무역로까지 장악하여 자국으로 계속 값진 자원을 탈취해 갔습니다.

역사 이래 국가 간 전쟁과 내전은 끊이지 않았습니다. 2005년 인간안보보고서(Human Security Report)에 따르면 1816년에서 2002년 사이에 국제 전쟁은 199건, 내전은 251건 발생했다고 합니다. 역사가 에릭 홉스봄은 20세기에만 무려 1억 8700만 명이 전쟁으로 죽었다고 밝혔습니다.

식민지 전쟁

19세기와 20세기 초에는 식민지 전쟁이 잦았습니다. 유럽 국가들이 아프리카와 아시아 지역을 침략해 원주민들을 차례차례 정복해 갔지요. 두 대륙에 값진 자원이 풍부했기 때문입니다. 유럽 국가들은 식민지의 무역로까지 장악해서 자국으로 계속 값진 자원을 탈취해 갔습니다. 아프리카와 아시아 지역의 주민들이 저항하면 군사력을 동원해 탄압했지요.

냉전

1945년 제2차 세계대전이 끝나면서 새로운 국제기구인 유엔이 탄생

했습니다. 유엔의 목표는 국가 간의 평화를 이루어 내고 인권을 보장하
는 것이었습니다. 당시 세계는 평화롭기는커녕 극심한 전쟁에 시달리
고 있었지요. 유럽 식민 제국들이 붕괴하면서 식민 지배를 받던 국가
중 일부는 독립을 맞았지만, 대다수는 '독립 전쟁'을 치러야 했습니다.

냉전 시대(1945~1989년)는 공산주의 동구권(동유럽, 중앙유럽의 공산주의 국
가와 소련)과 자본주의 서구권(서유럽의 자본주의 국가와 미국)이 첨예하게 대
립하던 시기입니다. 동구권 공산주의 국가들(소련과 중국 포함)에서는 정

1956년 '수에즈 위기(32페이지 참고)' 당시 영국군이 이집트에 상륙하고 있다. 하지만 국제 사회와 이집트의
반발로 영국군은 곧바로 철수했다.

1956년 헝가리의 수도 부다페스트 거리를 행진하는 소련 전차들. 소련의 개입으로 2,000명 이상이 사망했고 20만 명 이상이 난민이 되어 헝가리를 떠났다.

치, 경제 권력을 모두 노동당이 장악하고 통제했습니다. 반면 서구권 국가들(미국, 서유럽, 캐나다, 일본 등)은 경제는 자본주의 체제를, 정치는 집권을 목표로 경쟁하는 정당 체제를 유지했습니다. 그렇다고 경제 정치 체제가 비슷한 국가들끼리 사이가 좋았던 것도 아닙니다. 소련과 중국은 국경선을 놓고 다투었고 미국과 동맹국들 사이에는 항상 긴장감이 감돌았지요.

1956년 10월, 국제 사회에는 대규모 군사 개입이 두 번이나 있었습니다. 이집트 정부가 석유 산업에서 중요한 무역로인 수에즈 운하를 소유하겠다고 선언하자 영국, 프랑스, 이스라엘군이 이집트를 침공했습니다. 침공은 성공했지만 미국은 영국과 프랑스가 구시대적인 식민 전쟁을 하려 한다며 지원을 거부했어요. 결국 영국과 프랑스는 유엔 평화유지군의 감시 아래 병력을 철수해야만 했습니다.

한편 헝가리에서는 소련에 저항하는 시위가 벌어졌습니다. 소련은 헝가리를 다시 지배하기 위해 군대를 파견했고, 소련군은 시위를 잔혹하게 진압했어요. 이집트와 헝가리에 군대를 파견한 국가들은 경제적, 정치적 안보를 지키기 위한 행동이었다고 주장했지만, 사실 이러한 분쟁들은 냉전 시대가 낳은 산물이었지요.

대리전

냉전기에 국제 정치 세력들은 새로 독립한 개발도상국을 경쟁적으

알아두기

- 현대에는 분쟁이 일어나더라도 미사일, 폭탄, 총탄 때문에 죽는 사람들보다 그로 인한 굶주림이나 질병으로 죽는 사람들이 더 많다.
- 군대가 정부를 몰아내고 권력을 차지하는 군사 쿠데타는 20세기에 자주 발생했다. 1963년 한 해에만 군사 쿠데타와 쿠데타 시도가 25건이나 있었다. 2004년도 쿠데타 시도가 10건 정도 있었지만 모두 실패했다.

중앙아메리카 과테말라의 반공산주의 지도자인 카를로스 카스티요 아르마스는 미국의 지원을 받아 민주 정부를 무너뜨렸다. 그는 과테말라의 대통령이 되어 독재자로 군림했다.

로 돕고 나섰습니다. 경제 원조를 해주고 무역 특혜를 부여했으며 무기도 지원했어요. 아프리카와 아시아 국가들은 선진국으로부터 지원을 받아 최신형 무기로 무장하고 '대리전(다른 국가를 위해 대신 치르는 전쟁)'을 벌였어요. 미국의 경우, 중앙아메리카의 군사 쿠데타를 지원했습니다. 중앙아메리카의 정부 가운데 미국에 반하는 정책을 펼치는 곳이 있으면 게릴라 부대를 지원하여 공격하고 붕괴시켰지요.

1989년 냉전은 갑작스럽게 끝이 났습니다. 소련이 동유럽에 대한 영향력을 잃고 분열되기 시작한 것이지요. 이후 대리전이나 공개적인 군사 개입은 대폭 줄어들었습니다. 어떻게 냉전 시대가 막을 내리게 된 것일까요?

군사 개입을 강력히 옹호하는 미국의 네오콘은 냉전 시대가 막을 내린 원인 역시 군사 개입에서 찾습니다. 미국이 군사적 대비를 철저히 하고 공산주의의 확산에 맞서 싸웠기 때문에 냉전이 종식되었다고 주장하지요. 반면 이러한 미국의 역할을 부정하는 사람들은 군사력을 유지하는 데 들어가는 막대한 비용 때문에 소련이 붕괴되었을 뿐, 미국의 노력만으로 이루어진 결과는 아니라고 주장합니다.

한편 군사 개입을 반대하는 사람들은 네오콘과는 다른 주장을 폅니다. 냉전 시대의 무분별한 군사 개입이 없었더라면 정치적 분열 상태가 더 쉽게 해결되었을 것이고, 세계가 지금처럼 폭력적인 곳이 되지도 않

알아두기

- 20세기 초에는 아프리카에서 전쟁으로 죽은 사람들의 수가 다른 전쟁의 희생자들보다 많았다.
- 국제 구호기구 세이브더칠드런(Save the Children)에 따르면 전 세계에서 어린이 30만 명이 소년병으로 동원되고 있고 그중에는 일곱 살 어린이도 있다고 한다.

1975년 아프리카 남부 앙골라에서 소련제 무기로 무장한 앙골라인민해방운동(MPLA: Movimento Popular de Libertacão de Angola) 병사들의 모습. 앙골라는 1975년부터 1989년까지, 그리고 1992년부터 2002년까지 두 번에 걸쳐 내전을 겪었고, 그로 인해 국토는 철저히 파괴되었다.

았을 것이라고 하지요. 실제로 냉전이 끝난 이후 세계에는 무기가 넘쳐나기 시작했고, 약소국들조차도 무장을 갖추게 되었습니다. 언제든 자원을 놓고 싸울 준비가 되어 있는 것이지요.

1998년에서 2003년까지 5년간 아프리카의 몇몇 군대와 민병 조직들이 콩고민주공화국에서 전투를 벌였다. 예전에 자이르로 불렸던 콩고민주공화국은 아프리카에서 가장 넓은 영토와 풍부한 자원을 가진 국가다. 하지만 지도층의 부정부패로 국민 대다수가 가난에 시달리고 있었다.

그러던 중 콩고민주공화국 정부와 르완다군 사이에서 권력 다툼이 벌어지면서 전쟁이 시작되었다. 당시 르완다군은 콩고민주공화국 동부를 점령하고 있었다. 상황은 금세 전면전으로 바뀌어 짐바브웨, 앙골라, 나미비아의 지원을 받는 콩고민주공화국 진영 대 르완다, 우간다, 부룬디 진영의 전쟁으로 확산되었다. 여기에 위험하고 제멋대로인 지역 **민병대**까지 가세했다. 콩고민주연합-고마(RCD-Goma)는 이런 지역 민병대의 일종이다. 이들은 농촌 지역을 떠돌며 멋대로 살인과 약탈을 저질렀다.

수백만 명이 이 전쟁에 말려들었고, 어느 편에게나 상황은 가혹했다. 콩고민주공화국 동부 카사이 지역 출신인 폴은 당시를 이렇게 회상한다. "저는 13살이던 1999년 콩고민주연합-고마의 소년병이 되었어요. 그들은 우리 마을 사람들에게 걸핏하면 폭력을 휘둘렀어요. 어느 날은 우리 집에 쳐들어와 모든 걸 빼앗아 갔지요. 저는 그날 고마의 병사가 되기로 결심했어요. 고마가 더 이상 우리 가족을 괴롭히지 못하도록요."

폴의 이야기는 계속되었다. "저는 카사이에서 짐바브웨 군인들과 싸웠어요. 2001년에는 미넴브웨로 가서 전투를 치렀고요. 그러던 중 르완다인들이 훈련을 할 것이라고 속여, 나와 고마 병사들을 르완다로 이동시켰어요. 르완다에 도착하자 우리를 다섯 달이나 감옥에 가뒀지요. 우린 500명쯤 되었는데, 그곳에서 쇠사슬에 묶인 채 자주 두들겨 맞았어요. 나중에 고마의 관리가 협상을 해서 겨우 고향으로 돌아올 수 있었지요. 하지만 저는 아직도 가족들을 만나지 못했어요."

　이 사태를 지켜본 유엔은 보고서를 내놓았다. 풍부한 지하자원을 착취하기 위해 주변국들이 앞다투어 콩고민주공화국에 군대를 파견했다는 내용이었다. 누군가 부를 쌓는 동안 수많은 콩고인들이 재앙을 당했다. 최소한 330만 명 이상이 희생되었는데, 이들 중 대부분이 굶주림, 영양실조, 질병으로 사망했다. 제2차 세계대전 이래 가장 높은 사망률을 기록한 사건이었다. 여성 수천 명이 성폭행을 당했고, 수백만 명이 집을 떠나야 했으며, 학교와 병원 또한 무참히 파괴되었다. 자기 의사와 관계없이 전투에 끌려 나간 소년도 무수히 많았다.

　2002년 유엔 콩고민주공화국 평화유지군(MONUC)의 감시 아래 평화 협정 서명이 이루어졌다. 하지만 폭력과 무법 상태는 완전히 사라지지 않았다. 그동안에도 콩고민주공화국의 풍부한 천연자원을 노리는 외부 세력들의 군사 개입 시도는 계속되었다.

다양한 관점

"평화를 되찾기 위해서라도 총을 들어야만 한다. 우리는 콩고민주공화국에 다시 병력을 투입할 준비를 하고 있다."
　— 2004년 11월 23일 르완다 대통령 폴 카가메, 유엔 평화유지군 연설에서

"콩고민주공화국에서 성폭력은 국가 전체에 전염병처럼 만연해 있다. 그동안 콩고민주공화국에 개입했던 모든 군사 세력들이 성폭행을 저질러 왔다. 그리고 이를 조장하는 세력은 다름 아닌 군 지휘부였다."
　— 2004년 12월 5일 국제생존자권리(Survivors' Rights International, 국제 NGO)

계속되는 분쟁

인간안보보고서에 따르면 현재 우리는 국제 전쟁이나 내전이 극적으로 줄고, 분쟁 사망자도 상당히 줄어든 시대에 살고 있습니다. 하지만 아프리카에서만큼은 분쟁이 계속 늘어나고 있어요. 지금까지 수많은 '소규모 전쟁'이 발생해 왔는데, 이 가운데 1989년 이후 발생한 분쟁에서는 사망자의 90% 이상이 아프리카인이었습니다. '소규모 전쟁'들은 언론에서 거의 다루어지지 않습니다. 이 중 상당수는 내전이고, 나머지

▌콩고민주공화국에서 어린이들에 둘러싸여 있는 유엔 평화유지군 부대원

는 식민 지배 당시에 인위적으로 그어진 국경선을 두고 벌이는 전쟁입니다. 원인이 무엇이든 간에 소규모 전쟁들은 지금도 계속되고 있고, 이로 인해 수많은 사람이 살해당하거나 다치고, 굶주리고 있습니다.

왜 다른 나라에 군사 개입을 하는 걸까요?

· 유사 이래 전쟁과 분쟁은 끊임없이 일어났다.
· 냉전 시대에 강대국들은 군사 개입을 이용해 자신들의 영향력을 유지해
  왔다. 이들은 개발 도상국에서 대리전을 벌이며 세력을 넓히기도 했다.
· 냉전 이후 대리전은 줄어들었으나 분쟁은 계속되고 있다. 특히 아프리
  카의 분쟁 양상이 심각하다.

3
CHAPTER

테러와의 전쟁

오늘날 국익을 위해 전쟁을 일으키거나, 냉전 시대처럼 특정 정치 체제를 지키기 위해 군사 개입을 이용한다면 누구도 용납하지 않을 것입니다. 현대의 군사 개입에는 다른 이유가 있습니다. 바로 국가 안보를 위해 테러에 대응하는 것이지요.

식민주의

식민주의 시대처럼 제국을 건설하던 시기는 끝이 났습니다. 오늘날 국익을 위해 전쟁을 일으킨다거나, 냉전 시대처럼 특정 정치 체제를 지키기 위해 군사 개입을 이용한다면 누구도 용납하지 않을 것입니다. 현대의 군사 개입에는 다른 이유가 있습니다. 바로 국가 안보를 위해 테러에 대응하는 것이지요.

2001년 9월 11일 알 카에다가 납치한 항공기가 뉴욕 세계무역센터로 날아들었다.

테러는 국가나 조직이 민간인 혹은 정부를 상대로 폭력을 휘두르는 것을 말합니다. 테러가 세계 안보의 새로운 위협이라고 하지만, 사실 테러는 오랫동안 존재해 왔어요. 2005년 인간안보보고서에 따르면 1975년에서 2005년 사이 전 세계에서 테러 공격으로 사망한 인원은 매년 1,000명이 넘었다고 합니다. 최근에도 심각한 수준의 테러가 급증하고 있습니다. 테러 지역은 대부분 남아시아와 중동으로, 주로 길거리나 시장에서 자동차에 설치한 폭탄을 터트리는 형태로 발생하고 있지요. 이렇듯 테러가 빈번하게 발생하고는 있지만, 국제적으로 주목 받는 사건은 몇 건 되지 않습니다.

21세기 초, 미국과 동맹국들은 10여 년간 '테러와의 전쟁'을 벌이며 아프가니스탄과 이라크에 병력을 투입했지요. 러시아 역시 테러를 뿌리 뽑겠다는 이유로 캅카스 산맥 근처의 이슬람 공화국 체첸에 군사를 투입했어요. 그 결과 분노한 체첸 국민이 러시아로부터 독립하기 위해 강하게 저항했지요. 미국과 러시아의 사례에서 볼 수 있는 것처럼 현대에는 테러, 특히 '이슬람 테러'가 각국 정부와 세계 안보에 심각한 위협이 되고 있습니다.

1998년 8월 7일 아프리카 나이로비와 다르에스살람의 미국 대사관에서 동시에 차량 자살 폭탄 테러가 발생했다. 알 카에다가 일으킨 이 테러로 257명이 죽고 4,000명 이상이 부상을 당했다.

알 카에다

2001년 9월 11일, 항공기 두 대가 뉴욕 세계무역센터를 강타했습니다. 이윽고 또 다른 한 대가 워싱턴의 국방부 건물로 날아들었지요. 그 결과 거의 3,000명에 달하는 무고한 사람들이 희생당했습니다. 9·11테러라 일컬어지는 이 사건으로 미국은 제2차 세계대전 이래 처음 외부의 공격을 받았습니다. 테러를 저지른 세력은 아프가니스탄과 중앙아시아에 기반을 둔 알 카에다라는 조직으로 드러났습니다.

알 카에다는 9·11테러가 일어나기 몇 년 전에 창설되었어요. 사우디아라비아 출신의 부유한 지도자, 오사마 빈 라덴이 조직의 수장이었지요. 이들은 9·11테러 이전에도 몇 년 동안 여러 국가에서 군대와 민간인을 상대로 폭탄 테러를 일으켜 심각한 인명 피해를 입혔습니다. 알 카에다 구성원들은 이슬람교도 중에서도 매우 엄격하고 과격한 율법을 지키는 것으로 알려져 있습니다. 이들의 주요 공격 대상은 팔레스타인, 이라크, 사우디아라비아의 이슬람교도를 억압하는 국가들입니다. 알 카에다는 자신들의 테러를 지하드(성전)라고 주장하지요.

9·11테러로 전 세계는 충격에 빠졌어요. 유엔은 테러를 일으킨 알 카에다를 비난했고, 미국은 즉각 대응에 나섰어요. 조지 부시 미국 대통령이 테러와의 전쟁을 선포한 것이지요. 테러가 일어난 지 한 달도 지나지 않아 미국은 나토 동맹국들의 지원을 받아 '항구적 자유 작전'을 개시했습니다. 공군과 육군으로 아프가니스탄의 알 카에다 군사 기지를 공격하는 작전이었지요. 알 카에다와 동맹 관계인 탈레반도 공격 대상이었습니다. 탈레반은 아프가니스탄 정부를 전복시킨 세력이지요.

이 작전의 최종 목표는 알 카에다 지도자들을 체포하고 아프가니스탄
에 있는 이들의 본거지를 파괴하는 것이었습니다.

테러와의 전쟁

미국의 아프가니스탄 공격은 심각한 논란을 불러일으켰습니다. 미
국의 공격을 지지하는 세력은 이미 수천 명을 살해한 위험 세력에 대응
하려면 알 카에다와 동맹 조직인 탈레반을 제거해야 한다고 주장했어
요. 또한 알 카에다는 히틀러나 나치와 다름없는 존재로, 타협의 여지
는 전혀 없다고 못 박았습니다. 이들은 항구적 자유 작전에 희망을 걸

미국은 9·11테러 이후 아프가니스탄에서 활동하는 알 카에다 조직원들을 체포하기 위해 군대를 파병했다.

었습니다. 알 카에다 세력을 신속히 제거한다면 테러도 사라지고 세계는 더욱 안전해질 거라고 믿었지요.

이와 달리 미국의 군사 개입을 비판하는 사람도 많았습니다. 일각에서는 군사력을 사용하는 것 자체가 잘못이라고 했고, 다른 일각에서는 과도한 군사력을 사용한 것이 문제였다고 주장했어요. 다른 전투에서 쓰다 남은 낡은 무기로 무장한 알 카에다의 게릴라와 달리 미군은 순항 미사일이나 집속탄(더 큰 타격을 가하기 위해 작은 폭탄들을 담고 있는 폭탄) 같은 첨단 무기를 사용했습니다. 양쪽의 무기 성능이 큰 차이를 보였고, 이로 인해 희생된 사람은 주로 민간인이었지요. 아프가니스탄에서 얼마

아프가니스탄은 1979년부터 이어진 오랜 분쟁으로 파괴되었다. 테러와의 전쟁 때문에 많은 사상자가 발생하였고, 카불 시 적십자 병원에는 부상자가 넘쳐 났다.

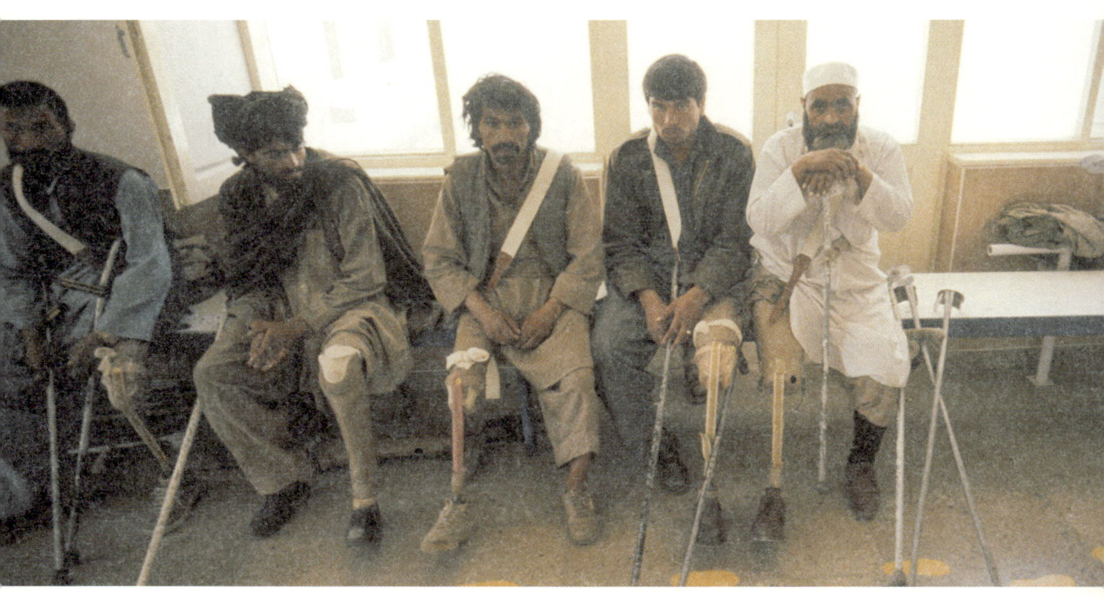

나 많은 민간인이 피해를 입었는지는 정확히 밝혀지지 않았지만, 공격이 시작된 첫 달에만 최소 1,000명 이상이 죽었다고 추정됩니다.

더욱이 미국은 군사 개입 당시 현실에 대한 이해가 부족했습니다. 미국은 알 카에다가 어떻게 아프가니스탄에서 자유롭게 활동할 수 있었는지, 왜 일부 이슬람교도들이 알 카에다의 주장에 귀를 기울이게 되었는지 알지 못했어요. 그 결과 알 카에다와 탈레반 지도자 대부분이 잡히지 않았습니다. 테러는 계속되었으며 군사 개입의 효과 또한 거의 얻을 수 없었습니다. 미국의 도움으로 아프가니스탄에 민주적으로 선출된 정부가 구성되기는 했지만, 정부는 아무 힘이 없었어요. 새 정부는 파괴되고 극심한 빈곤에 시달리는 국가를 통제하지 못했지요.

대량 살상 무기

9·11테러는 세계 정세에 오랫동안 영향을 미쳤습니다. 2002년 미국은 독재자 사담 후세인이 통치하는 이라크가 테러 공격의 근원지라고 선포했습니다. 조지 부시 대통령은 이라크 정부가 대량 살상 무기를 가지고 있다며 이라크의 심각한 위협에 미국이 대비해야 한다고 주장했습니다.

미국이 이라크를 지목한 이유는 과거 사담 후세인이 적에게 대량 살상 무기를 사용했기 때문입니다. 그 후 유엔 감시관이 이를 폐기하기 위해 파견되었지만, 조사는 쉽지 않았어요. 대량 살상 무기가 폐기되었는지 확인하겠다는 유엔의 의사를 사담 후세인이 거부했기 때문이지요.

1979년 이라크의 대통령이 된 사담 후세인은 2003년 권좌에서 밀려나기 전까지 무자비한 통치를 했다. 그는 2006년 12월 사형당했다.

하지만 미국 정부는 이라크가 대량 살상 무기를 보유하고 있다고 확신했습니다. 게다가 알 카에다 조직원들이 이라크에 본거지를 두고 있어 더욱 위험하다고 주장했지요. 토니 블레어 영국 총리는 이라크에 45분 만에 영국을 타격할 수 있는 미사일이 있다고 말하기도 했어요.

그러나 이라크의 위협이 심각하다는 미국의 주장에 반대하는 의견

도 만만치 않았습니다. 약소국인 이라크가 어떻게 다른 국가에 위협이
되느냐는 것이지요. 또 이라크에 대량 살상 무기가 있다는 주장 역시
증거가 미약해서 군사 개입을 정당화하기 위한 거짓말이 아니냐는 의
혹이 제기되었습니다.

사례탐구　어느 미국인 가정의 이야기

　　2003년 3월 미국은 대규모 공군과 육군을 동원하여 이라크를 공격했다.
미군이 3주 만에 이라크의 수도 바그다드를 점령하자 조지 부시 대통령은
승리를 선언했다. 전쟁 초기 미국의 사상자 수는 적었다. 그러나 미국의
점령에 대해 이라크인들이 반발하면서 사상자 수는 곧 늘어났다. 침공 3년
후 미군 사망자는 2,000명을 넘어섰다.

　　미국에서는 전쟁에 대한 찬반양론이 엇갈렸다. 열렬한 전쟁 지지자들
과 강한 비판론자들이 팽팽히 맞섰다. 미국이 이라크를 점령한 뒤 미군의
사망률이 증가하면서 그 피해는 평범한 가정에까지 미쳤다.

　　미국인 브렛은 군용 차량에 타고 있다가 민간 유조차와 충돌하는 바람
에 안타깝게 사망했다. 그럼에도 브렛의 가족은 여전히 이라크 공격을 지
지한다. "적에게 친절한 대통령보다는 강하게 맞서는 대통령이 더 나아요.
물론 그 때문에 우리 가족은 큰 대가를 치러야 했지만, 나는 브렛이 자랑스
러워요. 브렛이 한 일도요."

　　스물한 살인 아들 스콧을 끔찍한 화상으로 잃은 아놀드 역시 미국의 군
사 개입을 지지하는 입장이다. "물론 정부가 이라크에서 실수를 하기도 했
어요. 하지만 나는 정부가 정보를 얻을 수 있는 선에서 최선을 다했다고
봐요. 과감히 판단하고 나중에 천천히 돌아봐야 할 때도 있는 거죠."

하지만 여기에 동의하지 않는 사람들도 있다. 존의 아들은 전투 첫날 미 해군 헬리콥터 2대가 충돌하는 사고로 죽었다. "이라크에서 작전을 벌이는 것 자체가 잘못되었어요. 정말 끔찍해요. 부시 대통령은 이제 와서야 자신의 실수를 시인했지만, 시계를 되돌려서 그 잘못을 바로잡을 수는 없지요."

셀레스테는 주 방위군 병사였던 아들 호세가 바그다드에서 폭발 사고로 죽은 뒤 평화 운동가가 되었다. 그녀는 부시 대통령이 사임해야 한다고 주장한다. "애초에 우리는 이라크에 갈 필요가 없었어요. 거기에 필요한 사람들이 아니니까요. 미국 군인들이 더 죽기 전에 빨리 철수해야 해요."

군사 개입에 따른 논란

미국은 또한 인권적 측면에서 볼 때 사담 후세인을 권좌에서 몰아내는 것이 마땅하다고 주장했습니다. 이라크를 장기 지배한 후세인은 대량 학살을 저질렀을 뿐 아니라 반대 세력들을 무차별적으로 투옥하고 고문했지요. 따라서 미국은 군사 개입을 통해 이라크 국민을 독재자로부터 해방시키고 민주적인 정부를 구성할 수 있도록 돕겠다고 밝혔습니다.

하지만 과거 미국은 이라크에 무기를 팔며 후세인을 도왔던 적이 있습니다. 더욱이 미국은 이라크 외의 다른 국가들이 대량 살상 무기를 개발하거나 인권을 탄압하는 것에 대해서는 아무런 조치를 취하지 않았습니다. 이러한 모순적인 행동 때문에 미국의 군사 개입이 다른 목적을 갖고 있는 것이 아니냐는 비판이 쏟아졌습니다. 미국이 침공한 진짜 이유가 이라크에서 자신들의 정치적 영향력을 확대하는 데 있다는 것이지요. 군사 개입을 통해 이라크의 풍부한 유전을 장악하고 이라크 시장에 미국 기업들을 진출시키려고 했다고 말이에요.

사실 미국 정부는 2003년 초 유엔으로부터 이라크에 군대를 파병하는 것에 대한 지지를 얻어내려 시도했지만 실패했습니다. 대다수 국가는 이라크가 지금 당장 위협이 되지 않으므로 침공을 지원하지 않겠

2003년 2월 미국 텍사스 오스틴에서 열린 반전 시위. 이외에도 전 세계에서 미국의 이라크 공격을 반대하는 시위가 일어났다.

다고 밝혔습니다. 하지만 미국은 전 세계적인 반대를 무릅쓰고 유엔
의 지지 없이 2003년 이라크를 침공했습니다. 오직 영국만 미국을 지
원했지요.

공격은 군사적인 면에서 매우 성공적이었어요. 대규모 폭격으로 사
담 후세인의 군대는 순식간에 패배했고 연합군은 이라크에 불안정하
게나마 거점을 마련했지요. 하지만 연합군은 장기 계획이 없었습니다.
공습이 끝난 뒤에 수백만 이라크인들이 식수, 하수도, 전기, 의약품이
없는 비참한 생활을 감내해야 했습니다. 게다가 점령군에 저항하는 운
동이 점차 늘어나면서 이라크는 폭력과 혼란이 난무하는 아수라장이
되었지요.

다양한 관점

"미국 국민은 국가 안보를 위해 필요한 행동을 취할 것이며, 여기에 유엔
의 승인은 필요하지 않다."

　　　　　　　　　　　　　　　－ 2003년 3월. 조지 부시 전 미국 대통령

"테러를 방지하기 위해 전쟁을 허용할 경우 재앙이 닥칠 것이다."

　　　　　－ 2002년, 지미 카터 전 미국 대통령, 노벨평화상 수상 연설에서

테러국에는 군사적으로 개입해도 될까?

· 오늘날 국가 안보를 지키고 테러에 대응하기 위한 목적으로 군사 개입이 이루어진다.

· 테러의 위협은 새롭게 등장한 문제가 아니라, 오랫동안 존재해 온 문제다.

· 9·11테러 이후 미국 정부는 테러와의 전쟁을 선포하고 아프가니스탄과 이라크에 군사 작전을 펼쳤다.

· 이라크에 대한 군사 개입은 특히 논란이 많았으며 미국과 전 세계 여론을 분열시켰다.

4

CHAPTER

평화유지를 위한 개입

오늘날 유엔의 평화유지 활동은 과거보다 더 능동적인 형태로 변화하여 민간인 보호, 인도적 구호 활동 지원, 민주적 선거 준비, 전쟁으로 파괴된 사회를 재건하는 것까지 포함합니다. 그래서 평화를 만드는 임무라고도 하지요.

유엔은 반세기 동안 세계 곳곳에 평화유지군을 파견했습니다. 평화유지군이 처음 파견된 해는 1956년으로 영국, 프랑스, 이스라엘군이 이집트 수에즈를 공격한 뒤였습니다. 이집트에 파병되었던 점령군이 철수하는지 감독하기 위해서였지요. 그 후로 유엔의 평화유지 임무는 병력이나 범위 면에서 모두 증가했습니다. 1988년까지는 유엔의 평화유지 임무가 1년에 5회 미만이었으나, 1988년 7회로 증가했고 2012년에는 16회로 늘어났지요(63페이지 표 참조).

1978년부터 레바논에 유엔 평화유지군이 주둔했다. 그해 프랑스군이 유엔의 위임을 받고 이스라엘군이 점령한 레바논 남부 지역을 순찰하기 위해 파견되었다.

전쟁으로 파괴된 사회

과거 유엔은 휴전을 감시하거나 포로 교환을 감독하는 등 대체로 수동적 임무를 도맡았습니다. 오늘날 유엔의 평화유지 활동은 과거보다 더 능동적인 형태로 변화하여 민간인 보호, 인도적 구호 활동 지원, 민주적 선거 준비, 전쟁으로 파괴된 사회를 재건하는 것까지 포함합니다. 그래서 이 활동을 평화를 만드는 임무라고도 하지요. 하지만 역할이 확대되면서 유엔 평화유지군이 혼란을 수습하는 데 자주 무력을 사용해서 논란이 되고 있어요.

유엔 평화유지군이 더욱 적극적으로 활동하게 된 데에는 몇 가지 이유가 있습니다. 먼저 냉전이 종식되면서 유엔은 더 튼튼하게 통합되었

다양한 관점

"유엔 평화유지군은 극도로 어려운 여건속에서도, 정전 협정은 체결되었으나 아직 평화 협정을 맺지 못한 지역에 파견돼 갈등을 줄이는 데 기여하고 있다."

– 1988년 노벨평화상 시상 보도 자료

"유엔 평화유지군은 수십 년간 '푸른 헬멧'이라는 별명으로 불렸다. 약소국에서 파견된 무력하고 불운한 군인이라는 뜻이다. 이들이 갖춘 무기는 빈약하기 짝이 없었다. 그나마 즉각적인 살해 위협을 느끼는 경우가 아니라면 그 무기도 마음대로 사용할 수 없었다."

– 2003년 8월 온라인 시사잡지 〈이코노미스트〉의 로버트 레인 그린

고, 만일의 사태에 개입할 준비를 갖추었습니다. 그리고 이제는 분쟁을 겪고 있는 국가들이 과거보다 더욱 적극적으로 국제 사회에 도움을 요청하고 있지요. 게다가 언론이 취재할 수 있는 범위가 늘어나면서 분쟁 지역의 상황이 인터넷이나 TV를 통해 24시간 생생하게 전달되고 있습니다. 그 결과 분쟁 지역의 상황은 각국의 정치적 결정에도 영향을 미치게 되었지요.

오늘날 국제 사회는 과거 전쟁으로 파괴된 사회를 지원하고 보호하는 데 실패했던 경험을 교훈으로 삼아 더욱 적극적인 자세로 분쟁 사태에 개입하고 있습니다.

평화유지 지원

많은 사람이 유엔의 평화유지 활동을 지지합니다. 평화유지 임무를 시작하기 위해서는 유엔 안전보장이사회의 동의를 거쳐 유엔의 이사회라 할 수 있는 총회의 투표를 통과해야 합니다. 이러한 절차를 통해 파견된 평화유지군은 특정 세력을 편들지 않고 중립적인 자세로 임무를 수행합니다. 유엔은 자체적으로 군대를 보유하고 있지 않아요. 회원국이 자발적으로 평화유지군에 군대를 파견하고 함께 비용을 부담합니다.

평화유지군은 고국을 떠나 키프로스, 캄보디아, 부룬디, 아이티, 라이베리아, 시에라리온 등 다양한 곳에서 어렵고 위험한 임무를 수행합니다. 때로는 엄청난 희생이 뒤따르지요. 지금까지 평화유지군 2,000명 이상이 임무를 수행하다가 목숨을 잃었습니다. 이 같은 업적을 인정받아 1988년 유엔 평화유지군은 노벨평화상을 받았습니다.

물론 유엔이 군사적으로 개입하는 것에 대해 비판적인 견해도 존재합니다. 특히 휴전을 감시하는 일처럼 민감한 사안은 논쟁이 많습니다. 유엔이 늘 중립적이지는 않기 때문이지요. 오늘날 군사 개입은 주로 아프리카와 중동에서 이루어집니다. 그래서 유엔이 과거 식민 강국의 역할을 물려받아 가난한 국가들을 지배하며 통제하는 것이 아니냐는 의혹을 받고 있어요. 더 심각한 문제는 병력을 파견하는 쪽은 인도, 방글라데시, 파키스탄 같은 가난한 국가들이고 부유한 국가들은 비용만 부담한다는 데에 있습니다. 유엔 평화유지 임무 자체가 세계의 불평등을 반영하고 있는 것이지요.

또한 유엔은 체계가 느리고 비효율적이라는 비판을 받고 있습니다. 유엔이 군사적으로 개입을 할 때는 유엔 안전보장이사회의 승인을 거쳐야 합니다. 그만큼 평화유지군의 파견을 결정하고 병력을 모으는 데

유엔은 캄보디아에서 평화유지 활동을 펼친 바 있다. 유엔 평화유지군 사령관(사진 왼쪽)과 유엔 캄보디아 임시 행정 처장(사진 오른쪽)이 이야기하고 있다.

오랜 시간이 걸립니다. 여러 국가가 세세한 부분까지 따지다 보면 귀중한 시간이 낭비되기 십상이지요. 게다가 유엔은 재정이 부족합니다. 모든 국가가 자기 몫의 평화유지 비용을 지불하는 것은 아니기 때문이에요.

유엔의 평화유지 활동을 비판하는 사람들은 작전 관리 면에서 비효율적이고 비용이 많이 든다고 지적합니다. 차라리 나토나 AU(African Union, 아프리카 연합) 같은 지역 기구가 자기 지역에서 평화유지 임무를 맡는 것이 낫다고 주장하지요. 하지만 이 기구들 역시 유엔과 똑같은 문제들을 안고 있습니다.

일부 부패한 유엔 병사들이 유럽과 아프리카에서 인신매매나 아동 학대를 저지른다는 의혹도 있습니다.(유엔은 이러한 문제가 있음을 인정하고 방지하기 위한 조치를 취한 적이 있습니다.) 또한 유엔 병사들은 **위임권**의 한계로 인해 행동의 제약을 받습니다. 제약을 고려하지 않은 채 유엔 병사들이 비겁하다거나 폭력을 막아야 할 때 개입하지 않는다며 비난합니다.

성공 사례도 많지만 유엔 평화유지군이 위기를 맞은 적도 있습니다. 1990년대 유엔 평화유지군은 소말리아, 보스니아, 르완다에서 일어난 분쟁을 성공적으로 막아 내지 못했으며, 민간인을 학살로부터 보호하는 데에도 실패했지요.

알아두기

1999년 유엔 평화유지군 병력은 1987년과 비교해 4배로 늘어났다.

1991년 유엔은 캄보디아에서 중대한 일을 감행했다. 캄보디아에 민주 정부를 수립하기 위해 유엔이 직접 선거를 조직한 것이다. 이로써 유엔은 처음으로 국가 전체를 관리하게 되었다. 유엔 평화유지군은 먼저 치안 업무를 담당했다. 전국에 설치되어 있는 지뢰 수백만 개를 해체할 수 있도록 캄보디아인들을 훈련시켰다. 이를 위해 45개 회원국에서 16,000명에 달하는 군인과 3,300명이나 되는 경찰관을 파견하였는데, 이 중 62명은 임무 수행 도중 사망했다.

오스트레일리아 육군 폴 코플랜드 병장은 1993년 캄보디아에서 유엔 평화유지군 임무를 수행했다. 그는 농촌 순찰 중에 사고를 당해 아직도 그 악몽에 시달리고 있다. 코플랜드는 당시를 이렇게 기억한다. "공산당 군인이 지뢰 지대에 나 있는 통로에서 12.7밀리미터 철갑탄 기관총을 내 머리에 겨누고 쫓아왔습니다. 내 목숨이 그의 손에 있었습니다." 공산당 병사는 생사의 갈림길에 선 코플랜드에게 지뢰 지대 통로 바깥으로 나가라고 손짓했다. 코플랜드는 "길 양쪽이 모두 지뢰밭이었지만 가만히 있다가 머리가 날아가느니 거기로 뛰어 도망갈 수밖에 없었다"고 말했다.

결국 코플랜드는 지뢰를 밟아 심한 부상을 입었고 더 이상 전선에서 임무를 수행할 수 없었다. 하지만 나중에 이집트 시나이 사막에서 유엔 평화유지 임무를 다시 수행했다. 2001년 건강상의 이유로 전역했고 현재 오스트레일리아 평화유지군 협회(Australian Peacekeepers' Association) 회장을 맡고 있다.

코플랜드는 이렇게 말한다. "나는 평화유지 임무를 강력히 지지합니다. 전쟁을 막을 수만 있다면 현장에 뛰어드는 것은 충분히 가치 있는 일입니다. 다른 나라의 도움이 필요한 사람들이 있다면, 그들을 도와 더 나은 삶을 살 수 있게 해주어야 합니다."

유엔 평화유지 임무(인원별), 2012년 4월

평화유지 임무	16회
평화유지 인력을 파견한 국가	117개국
파견 인원	98,917명
– 군병력	82,549명
– 경찰	14,335명
– 군감시단	2,033명
민간인 직원과 자원봉사자	20,182명
1948~2006 유엔 평화유지 임무 사망자	2,999명

출처: 유엔

유엔 주요 평화유지 임무(국가별), 2012년 4월

국가, 지역	군병력	감시단	기타
동티모르	0	33	2,758
라이베리아	7,798	119	2,991
레바논	11,965	0	1,005
수단	5,544	155	2,863
아이티	7,295	0	5,332
코소보	0	9	396
코트디부아르	9,404	200	2,798
콩고민주공화국	17,057	699	5,790
키프로스	861	0	216

출처: 유엔

평화 유지를 위한 군사 개입

· 평화유지 임무는 대개 분쟁 지역에서 종전 상황을 감시하고 그 상태를
 유지할 수 있도록 돕는 것이다. 최근에는 전쟁으로 파괴된 국가를 재건
 하고 선거를 감시하는 임무도 추가되었다.
· 유엔의 평화유지 임무는 긍정적인 측면도 있지만, 여러 가지 한계점도
 있다. 이러한 한계를 극복하기 위해 다양한 시도가 이루어지고 있다.
· 나토나 AU와 같은 국제기구도 평화유지 임무를 맡는다.

5

CHAPTER

인도주의적 개입

1980년대 말 냉전이 끝나고 미국이 세계 유일의 초강대국으로 부상했습니다. '새로운 세계 질서'가 만들어지는 시기였지요. 이때부터 유엔군을 활용하여 인도주의적 활동을 펴자는 의견이 빗발치듯 일어났습니다.

1980년대 말 냉전이 끝나고 미국이 세계 유일의 초강대국으로 부상했습니다. '새로운 세계 질서'가 만들어지는 시기였지요. 이때부터 군사 개입을 활용하여 인도주의적 활동을 펴자는 의견이 빗발치듯 일어났습니다. 굶주리는 이들을 구호하고, 피란 지역을 보호하며, 분쟁을 겪는 국가에 평화를 일구는 데 유엔

▌ 1991년 4월 이라크 쿠르드족 수천 명이 후세인의 공격을 피해 이란 국경을 향해 이동하고 있다.

군을 동원하자는 것이지요.

하지만 과연 모든 국가가 유엔의 군사 개입을 원했을까요? 그렇지 않은 나라도 있었습니다. 유엔 자체가 힘이 없고 분열되어 있기 때문에, 미국과 서방 동맹국들이 원하는 바를 관철하는 역할만 할 뿐이라는 불신이 팽배했지요.

쿠르드족을 위한 안전지대

1991년 제1차 걸프 전쟁 직후 쿠르드족을 보호하기 위해 처음으로 인도주의적인 군사 개입이 시행되었습니다. 전쟁 중 이라크 북부의 쿠르드족은 수년간 부족민들을 살해하고 억압한 독재자 사담 후세인에 대항하여 반란을 일으켰습니다. 그런데 전쟁이 끝난 뒤, 여전히 권력을 쥐고 있던 후세인은 쿠르드족에게 복수를 감행했습니다. 이에 목숨을 위협받은 쿠르드족은 식량, 물, 잠자리도 없이 이란과 터키 국경 쪽으로 먼 거리를 이동했어요. 서방 국가들은 터키 국경과 접한 지역에 쿠르드족을 위한 안전지대를 만들었습니다. 외국 군대와 구호기구들이 나서

알아두기

2006년 9월 인도는 아프리카 서부 라이베리아의 유엔 평화유지 임무에 여성으로만 이루어진 경찰 부대를 파견했다. 이 부대는 여군, 여성 희생자들과 함께 일했다. 유엔은 인도의 계획을 긍정적으로 보고 다른 국가들도 이와 같은 방안을 도입하기를 바란다고 밝혔다.

서 피신한 쿠르드족에게 구호용품까지 무사히 전달한 결과, 최악의 상황은 피할 수 있었지요. 쿠르드족은 이라크 북부로 되돌아온 뒤에도 미국과 영국 공군이 순찰하는 비행금지구역 아래에서 보호를 받았어요.

하지만 안전지대를 마련하고 비행금지구역을 순찰하는 것이 진정한 의미의 인도주의적 개입이라고 할 수 있을까요? 이를 지지하는 사람들은 덕분에 쿠르드족 수백만 명이 사담 후세인의 학살을 피하고 안전하게 고향으로 돌아갈 수 있었다고 말합니다. 하지만 반대 의견도 있습니다. 서방 지도자들은 쿠르드족을 돕기 꺼렸고, 실제로 쿠르드족을 위해 인도주의적 개입을 요구한 사람들은 심야 뉴스 시간에 쿠르드족의 탈출 장면을 지켜본 평범한 시민이라는 주장이 일었습니다.

소말리아에서의 실패

1991년 아프리카의 소말리아는 중무장한 군벌들이 전투를 벌여 혼란 상태에 빠졌습니다. 정전 협정은 깨졌고, 농사도 엉망이 되었어요. 구호 식량까지 약탈당해, 소말리아인 수백만 명이 금세 굶주리게 되었습니다. 유엔 평화유지군이 구호 식량의 약탈을 막아 내지

1992년 소말리아에서 굶주린 여성과 아이가 급식소에 줄을 서 있다. 국제 구호가 없었더라면 더 많은 사람이 죽었을 것이다. 하지만 1993년 평화를 이루지 못한 채 외부의 군사 개입이 끝나 버렸다. 결국 소말리아는 군벌들의 손에 넘어갔다.

못하자 미국이 나섰어요. 군대를 보내 원조 식량이 안전하게 전달되도록 하였고, 1992년 말에는 '희망 회복 작전(Operation Restore Hope)'을 시작했습니다.

소말리아 군벌들은 유엔과 미군을 반기지 않았어요. 1993년 10월 미군은 악명 높은 소말리아 군벌과 전투를 치렀고, 그 결과 미군 18명이 전사했어요. 소말리아인도 1,000명 이상이 사망했는데 대부분이 민간인이었습니다. 이 때문에 미국에서 군사 개입을 반대하는 목소리는 더

전쟁은 끝났지만 고통은 남아 있다. 보스니아의 한 이슬람교도가 아들의 무덤 앞에서 기도하고 있다. 그의 아들은 1992년에서 1995년까지 치러진 보스니아 전쟁에서 희생되었다.

욱 높아졌고, 1993년 말 미군 대부분이 철수했습니다. 결국 군벌들의 손에 넘어간 소말리아는 평화는커녕 정부조차 제 역할을 할 수 없게 되었습니다.

소말리아에서 벌어진 구호 활동은 실패로 끝이 났습니다. 희망 회복 작전도 좋지만 미국이 처음부터 유엔의 활동을 지원했어야 한다는 비판이 쏟아졌어요. 게다가 그 작전은 최악의 기아 사태가 지나고 난 뒤 너무 늦게 시작되었습니다. '강하면서도 남을 돌볼 줄 아는 미국'의 이미지를 심어 주려는 언론 보도에 휘둘린 나머지 무리한 작전이 시행된 것이지요. 이외에도 미국은 안전을 유지하거나 평화를 정착시키기보다 특정 군벌을 지원하는 데 집중했다는 비난을 받고 있습니다.

다양한 관점

"우리가 지금 행동에 나서는 것은 가치와 이익을 지키고 평화를 위해 전진한다는 뜻입니다. 섣부른 행동이 끔찍한 상황으로 이어질지 모른다고 해서 손 놓고 있을 수는 없습니다. 우리가 어떤 행동도 하지 않으면 사람들은 위험에 처할 것이고 국익은 위협받을 것입니다."
– 1999년 3월 24일, 빌 클린턴 대통령, 코소보 전쟁의 정당성을 밝히면서

"고통 받는 코소보인에게 폭격은 인도주의가 될 수 없다. 실상 '서방'은 발칸 반도에서 군사 개입을 정당화하기 위해 인도주의를 내세웠을 뿐이다."

– 1999년 3월 25일, 언론인 존 필저

인도주의적 개입의 한계

그 뒤로도 여러 분쟁에서 인도주의적 개입의 문제점은 명백히 드러났습니다. 3년 동안 이어진 보스니아 전쟁(8~11페이지 참고)에서 유엔 평화유지군은 구호물자를 전달하고 협상을 통해 **난민**들에게 안전한 통로를 확보해 주었어요. 하지만 대량 학살이나 인종청소를 막지는 못했습니다. 또한 안전지대를 확보하고도 주민들을 포격, 학살, 성폭행으로부터 보호하지 못했습니다. 이들은 포위된 사라예보에 해방을 가져오지 못했을 뿐만 아니라 역사적 가치가 있는 모스타르 시가 파괴되는 것을 막지도 못했어요. 사라예보를 포위한 세르비아계 민병대는 공습을 당하자 유엔 평화유지군을 납치해 인질로 삼기도 했지요. 결국 유엔과 달리 위임권의 제한을 받지 않는 나토 부대가 개입하고 나서야 상황은 나아졌습니다.

이외에도 유엔이 인도주의적 개입에 실패한 사례는 많습니다. 서아프리카 라이베리아에서는 난폭한 군벌들의 주도권 다툼으로 곳곳이 파괴되자 수천 명이 피란을 떠나야 했어요. 서아프리카 합동 평화유지군이 전투를 막고 민간인을 구하려 했지만 내전은 1년간 지속되었습니다. 라이베리아와 가까운 시에라리온에서는 수많은 민간인을 죽이고 불구로 만들었던 반군이 유엔 평화유지군 6명을 납치해 살해하기도 했습니다. 영국군이 개입한 뒤에야 반군을 물리칠 수 있었지요. 콩고민주공화국에서도 넓은 영토 여기저기서 수많은 군부대가 뒤엉켜 싸우는 '아프리카판 세계대전'이 벌어졌지만, 유엔 평화유지군은 민간인 보호를 위한 별다른 조치를 취하지 못했습니다(36~37페이지 사례탐구 참고).

왜 이렇게 매번 실패만 할까요? 당시 유엔 평화유지군은 전쟁의 위험성을 가볍게 여기고 복잡한 문제들에 대비하지 않았다는 비판을 받았습니다. 또한 숙련된 병사와 장비가 충분치 않았고, 무엇보다 행동을 취할 수 있는 권한이 없었습니다. 당시 유엔 사무총장이었던 코피 아난(1997년 1월 1일부터 2006년 12월 31일까지 재임)은 이에 대해 자성의 목소리를 내놓았습니다. "과거에 우리는 최선의 상황만을 기대하고 평화유지 임무를 준비했다. 분쟁 당사자들이 협정에 서명하면 그 협정을 지킬 것이라고 믿

2003년 8월, 라이베리아 수도 몬로비아 인근의 전투를 피해 주민 수천 명이 피란을 떠났다. 유엔 평화유지군은 이곳에서 분쟁 세력들이 평화 협정을 지키는지 감시했다.

고 빈약한 병력을 파견했다."

그렇지만 유엔이 많은 문제를 갖고 있다고 해서 평화유지군이 유엔의 정책을 무시한 채 함부로 힘을 휘둘러서는 안 됩니다. 유엔의 정책은 회원국들이 합의하여 결정한 것이기 때문이지요. 평화유지군이 인도주의적 임무를 지원할 때 더 많은 사람들을 구할 수 있도록 자금과 권한을 효율적으로 부여하는 방안을 찾아, 문제점들을 개선해 나가야 합니다.

인도주의적 개입에 대한 비판

유엔이나 다른 국제기구들이 정말 인도주의적인 이유 때문에 군사 개입을 하는 것일까요? 인도주의적 개입을 반대하는 사람들은 '인도주의'가 다른 의도를 숨기기 위한 핑곗거리라고 말합니다. 여기서 다른 의도란 강대국들이 자신에게 우호적인 태도를 보이는 정부를 돕거나, 적대적인 세력을 전복시키려는 정치적 목적을 말합니다. 혹은 석유나 다이아몬드 같은 자원을 확보하려는 경제적 목적을 뜻하기도 합니다. 기독교 국가인 미국이 이슬람 국가에 개입하는 데에는 종교적인 의도

알아두기

영국의학저널(British Medical Journal)의 조사에 의하면 1985년부터 1998년까지 유엔 평화유지군과 민간인 구호 요원 375명이 분쟁 지역에서 살해되었다고 한다.

가 숨어 있다는 주장도 있습니다.

　구호기구들 역시 인도주의적 목적을 위한 군사 개입에 비판적입니다. 이들은 구호나 개발 원조가 중립적으로 이루어져야 한다고 주장합니다. 그래야 효과적으로 도움을 줄 수 있기 때문이지요. 원조가 군대, 특히 유엔 이외의 군대에 의해서 이루어질 경우 특정 세력을 옹호하는 것으로 비칠 수 있어요. 이 때문에 구호 요원들은 군대와 관련이 있다는 의심을 받아 종종 분쟁 세력들의 표적이 되곤 합니다.

1999년 6월 나토의 폭격으로 파괴된 코소보 프리슈티나의 정부 건물

1999년 과거 유고슬라비아에 속했던 코소보가 세계의 주목을 받았다. 유고슬라비아 연방이 해체되는 과정에서 독립할 여력이 없던 코소보는 세르비아공화국에 편입되었다. 그러자 코소보 내 알바니아계 세력이 반발하여 무장 투쟁에 나섰다. 이에 맞서 세르비아군이 알바니아계 민병대를 상대로 격렬한 전투를 벌였다. 알바니아인들은 공포에 떨면서 고향을 떠나야 했다. 미국과 서유럽 국가들로 이루어진 나토는 알바니아인들을 보호하기 위해 '인도주의적 작전'에 개입하겠다고 선언했다. 그리고 3월 24일, 나토는 폭격을 시작했다.

78일 후 세르비아 정부는 나토의 조건을 받아들여 나토군이 코소보에 주둔하도록 허용했다. 수많은 난민이 민병대들의 전투와 나토의 폭격으로 파괴된 고향에 되돌아왔다.

영국인 사라는 국제 구호기구에서 일하면서 마케도니아에 피신 중인 코소보 난민을 도왔다. 현지 상황은 매우 심각했다.

"구호 요원으로서 중립을 지켜야 했지만, 코소보와 마케도니아에서 우리는 나토 군대와 가깝게 지낼 수밖에 없었어요. 마케도니아에는 가는 곳마다 나토군이 있었어요. 그들은 난민 캠프의 설계와 설치를 맡았고 때로는 식량과 의약품을 나눠 주기도 했는데, 그건 우리가 보통 하는 일과도 아주 비슷하죠. 게다가 구호 요원들이 난민 캠프에서 일하려면 군사령관의 허가를 받아야 했어요."

"나토군이 코소보에 진군하고서 며칠 뒤 구호기구도 따라 들어갔어요. 우리는 난민들에게 구호물자를 전달하기 위해 어쩔 수 없이 나토 부대의 경호에 의존했어요. 도로는 위험했고 곳곳에 지뢰가 숨겨져 있었어요. 하지만 문제는 그게 아니었어요. 구호기구들은 마치 나토 부대를 지원하는 것처럼 보였죠. 특히 세르비아계는 우리가 알바니아계 편에 서 있다고 생각했어요. 공평하게 구호 활동을 하려 했는데도 말이죠. 우리는 코소보에서 약간 성과를 얻기는 했지만 군대와 거리를 두는 데는 실패했어요."

▌ 난민들에게 생필품을 배급하는 구호 요원

인도주의적 군사 개입이란 무엇일까?

- 냉전이 끝난 뒤, 위기에 처한 사람들을 보호하기 위해 '인도주의적' 개입이 필요했다.
- 유엔은 소말리아와 보스니아 등지에서 군사 작전을 펼쳤지만, 인도주의적 개입의 한계와 문제점만 고스란히 드러내고 말았다. 특히 유엔 평화유지군이 작전에 필요한 물질적 지원을 받지 못하거나 강력한 권한을 부여 받지 못하는 경우에 이러한 한계와 문제점은 더욱 심각하게 나타났다.
- 인도주의적 군사 개입 때문에 구호 요원들이 위험에 처하기도 한다.

6

CHAPTER

군사 개입이 없다면

군사 개입이 사라지면 어떤 일이 생길까요? 1994년 아프리카의 작은 나라 르완다에서는 무차별적인 살인이 이어졌습니다. 인구의 다수를 차지하는 후투족의 몇몇 지도자들이 인테라함웨 부대를 창설해 소수 민족인 투치족을 학살했기 때문이지요.

군사 개입이 사라지면 어떤 일이 생길까요? 1994년 아프리카의 작은 나라 르완다에서는 무차별적인 살인이 이어졌습니다. 인구의 다수를 차지하는 후투족의 몇몇 지도자들이 인테라함웨(Interahamwe, '함께 싸우는 자들'이라는 뜻) 부대를 창설해 소수 민족인 투치족을 학살했기 때문이지요.

학살 사태는 순식간에 확산되었어요. 겨우 석 달 만에 1백만 명에 가까운 사람들이 총칼에 죽고 불에 타 죽었어요. 많은 여성들이 성폭행을 당하거나 불구가 되었지요. 결국 이 학살 사태는 투치족 군대가 인테라함웨를 물리치고 정부를 장악한 뒤에 끝이 났습니다.

집단 학살과 유엔

르완다에서 벌어진 살육은 피해자의 범위와 규모가 엄청난 집단 학살 사태였지요. 130개국 이상이 서명한 **집단 학살** 방지 협약에는 다음과 같은 사항이 명시되어 있었어요. "유엔 산하 기구가 집단 학살 예방과 억제를 위해 조치를 취해야 한다고 판단할 경우 협약 당사자들은 이에 따라야 한다."

　　그렇지만 유엔과 회원국들은 르완다 학살 사태에 개입하지 않았습니다. 당시 르완다에는 프랑스 군대와 소수의 유엔 평화유지군 병력만이 주둔하고 있어서 사태를 막기에는 역부족이었지요. 사실 르완다 학살 사태는 예견된 사건이었습니다. 1994년 초 유엔 사령관이던 캐나다인 로메오 달레르 준장은 르완다에서 집단 폭력이 발생할 위험성을 경고했지요. 하지만 유엔은 그에게 무장 해제 권한을 주거나 추가 병력을 지원하지 않았습니다. 더욱이 벨기에 정부는 얼마 안 되는 병력을 철수시키기까지 했습니다. 르완다에서 벨기에 평화유지군 10명이 살해당

르완다의 집단 학살 사태 당시 목에 칼을 맞고 1주일간 버려졌던 어린 자매의 모습. 1994년 5월 딸들의 아버지가 이들을 구해 냈다.

했기 때문이지요. 몇몇 유럽 국가들이 군인들을 파견했지만, 그들의 목적은 자국민을 안전하게 탈출시키는 것뿐이었습니다.

유엔 안전보장이사회는 처음에 이 사태에 개입하기를 거부했습니다. 러시아, 프랑스, 중국은 이 문제가 르완다의 '국내 문제'일 뿐이라며 거리를 두었고, 미국은 병력이나 장비를 전혀 보내지 않겠노라 선언했기 때문이지요. 빌 클린턴 대통령은 위험하고 예측 불가능한 아프리카 분쟁에는 미군을 파견하지 않겠다고 했습니다. 이 일이 있기 18개월 전 미국은 소말리아에서 군사 작전을 펼쳤다 실패한 적이 있었습니다.

캄보디아에서 **크메르루주**에 의해 학살된 희생자들 유골이 산처럼 쌓여 있다. 광적인 민병 조직 크메르루주는 1975년 캄보디아를 장악하고 4년간 170만 명을 죽이거나 굶어 죽게 했다.

유엔 안전보장이사회는 병력을 늘리기는커녕 르완다의 평화유지군을 2,000명에서 260명으로 대폭 줄였습니다. 끔찍한 상황에서도 소수의 평화유지군이 최선을 다해 2만 명의 생명을 구했지만, 이들이 도울 수 없는 곳에서는 살육이 계속되었어요.

미약하고 때늦은 대응

보스니아 분쟁과 달리, 르완다 사태는 언론의 주목을 받지 못했어요. 시민들이 각국 정부에게 조치를 취하라고 요구하는 일도 거의 없었습니다. 뒤늦게 유엔이 행동에 나섰지만 결단력을 보여 주진 못했지요. 1994년 4월 말, 유엔은 "르완다에서 집단 학살이 일어나고 있을 가능성이 있다."고 밝히고 유엔 평화유지군 5,000명을 보내기로 했습니다. 이때 평화유지군 병력을 파견하기로 한 국가는 대부분 아프리카였는데, 비용 문제마저도 합의를 보지 못해 협의만 거듭했습니다. 결국 집단 학

알아두기

- 집단 학살 방지 협약은 제2차 세계대전 당시 나치가 저지른 유태인 대학살과 같은 사태를 막기 위해 만들어졌다. 1948년 유엔이 이 협약을 채택했으며 1951년에 발효하였다.
- 집단 학살, 반인류 범죄, 전쟁 범죄를 저지른 자들을 기소하기 위해 2002년 국제형사재판소가 설립되었다. 2006년 7월까지 101개 국가가 국제형사재판소의 법령을 받아들였지만 미국과 아시아, 아프리카의 여러 국가들은 이를 거부했다.

살 사태가 끝날 때까지 유엔 평화유지군은 르완다에 가지 못했습니다.

살육이 시작되자 유엔 사령관 달레르 준장은 유엔에 병력 4,000명을 추가로 요구했습니다. 이 정도 병력만으로도 충분히 살육 사태를 막을 수 있다고 생각한 것이지요. 과연 달레르 준장의 생각이 옳았을까요? 인테라함웨의 살육자들은 모든 것을 철저히 준비하고 있었습니다. 이들은 무기를 많이 비축해 두었고 자체 라디오 방송국을 이용해 투치족에 대한 증오를 불러 일으켰어요. 따라서 더 많은 병력을 투입했다고

유엔 안전보장이사회는 모든 군사 개입에 대한 승인 권한을 갖는다. 1990년 11월 회원국들이 모여 이라크에 군사를 파견할지 투표하고 있다.

해도 효과적으로 집단 학살을 막기는 힘들었을 것입니다. 기껏해야 학살극의 속도를 늦추거나 희생자를 줄이는 데 그쳤겠지요. 첫 달에만 50만 명이 살해당할 정도로 집단 학살은 신속하게 진행되었으니 유엔이 부대를 편성해 대응하는 것은 애초에 불가능한 일이었는지 모르지요.

군사 개입을 지지하는 사람들은 국제 사회가 집단 학살에 적극적으로 개입해야 한다고 주장합니다. 초기에 강력하게 군사적으로 개입하면 학살 사태를 막을 수 있을 뿐만 아니라, 이런 행동이 용납되지 않는다는 메시지를 분명히 전달할 수 있다는 것입니다.

'보호 의무' 원칙

유엔은 르완다 사태에 어떻게 대처할지 결정을 내리지 못했고, 군사

AU 평화유지군 훈련 과정에서 캐나다 병사(오른쪽)의 지도를 받고 있는 르완다 병사(왼쪽). 이 훈련은 캐나다의 주도로 수단 서부 다르푸르 지역에서 이루어졌다. 2006년 중반까지 다르푸르에는 AU 평화유지군 7,000명이 주둔했다.

개입을 꺼렸습니다. 이 때문에 따가운 비판이 잇따랐지요. 1999년 발표된 한 보고서는 유엔이 집단 학살이 계획되고 있다는 증거를 무시했으며, 학살이 시작된 뒤에도 적절한 조치를 취하지 않았다고 밝혔습니다.

이 조사를 계기로 유엔은 집단 학살 상황을 더욱 면밀히 조사하고 체계적으로 대응해 나가기 시작했습니다. 2005년 9월 유엔 총회는 유엔이 "집단 학살, 전쟁 범죄, 인종청소, 반인류 범죄로부터 인류를 보호할 의무가 있다."는 점과, 필요할 때는 무력을 사용해야 한다는 점을 받아들였습니다. 하지만 이 원칙은 다르푸르 사태(88페이지 참고)에서 볼 수 있는 것처럼, 아직 실행에 옮겨지지는 않았어요.

르완다 집단 학살 당시 유엔은 무슨 일을 했을까?

- 1994년 르완다의 집단 학살 당시 유엔은 아무런 조치를 취하지 않았다. 오히려 평화유지군 병력을 축소하는 등 학살 사태에 지지부진하게 대응했다.
- 유엔이 더 신속하고 효율적으로 개입했다 하더라도 르완다의 집단 학살을 막기는 힘들었을 것이다.
- 르완다에서 실패한 이후 유엔은 '보호 의무'라는 새로운 원칙을 도입하였다.
- 국제 사회는 수단 서부, 다르푸르 주민들을 보호하는 데 실패했다.

 # 수단 다르푸르 – 난민 운동가 이야기

1994년 르완다 집단 학살 당시 폴 루세사바기나는 르완다의 최고급 호텔 지배인이었다. 루세사바기나는 용기와 기지를 발휘해 자신의 가족뿐만 아니라 호텔에 피신한 1,200명의 생명을 구했다. 이 이야기는 나중에 〈호텔 르완다〉라는 제목으로 영화화되었다.

오늘날에도 폴 루세사바기나는 집단 학살 피해자들을 대변하는 활동을 하고 있으며, 최근에는 수단 서부 사막 지역의 다르푸르 난민들을 돕기 위해 운동을 벌이고 있다.

▍현재 폴 루세사바기나의 모습

다르푸르 분쟁은 2003년 초 지역 부족이 수단 독재 정부에 반기를 들면서 시작되었다. 정부는 이에 대한 보복으로 잔자위드 민병대를 지원해 이들이 반군과 지역 주민들을 공격하도록 했다. 결과는 참혹했다. 수백만 명이 피신해야 했고, 집과 농작물이 파괴되었다.

수많은 사람이 난민 캠프에서 구호기구의 원조 식량에 의존해 살아갔다. 하지만 난민 캠프마저도 안전하지는 못해서, 잔자위드가 수시로 침입해 살인과 성폭행을 저질렀다. 2006년까지 굶주리거나 잔자위드에게 살해당해 적어도 40만 명 이상이 죽었다. 명백한 대량 학살이었다.

폴 루세사바기나는 2005년 다르푸르를 방문해 이렇게 말했다. "여기서 내가 본 것은 르완다에서 목격했던 것과 같습니다. 정부가 사들인 헬리콥터가 마을을 파괴하고, 정부가 무장시킨 군벌이 주민들을 죽이고 있습니다. 200만 명이 난민이 되었고 그들의 집은 완전히 파괴되었습니다."

2004년 아프리카 연합 기구인 AU는 유엔의 지원 아래 평화유지군을 파견하기로 했다. 수단 정부의 방해는 계속되었지만, AU 파견 병력은 2006년 7월 7,000명에 이르렀다. 하지만 평화유지 임무를 더 규모가 큰 유엔 평화유지군에 넘기려는 계획은 수단 정부의 방해로 무산되었다.

폴 루세사바기나는 AU 부대가 집단 학살을 막을 수 없다고 말한다. "그들은 헬리콥터도, 지프도, 무기도 없고, 무엇보다 목적의식이 없습니다." 그는 유엔의 개입이 필요하다고 주장한다. "유엔은 집단 학살 징조가 나타나는 곳에 신속하게 개입해야 합니다. 그러려면 전차, 지프, 헬리콥터, 병력을 실어 나를 수 있는 다국적 신속 대응군을 만들어야 하지요. 하지만 유엔은 이를 등한시하고 있습니다."

7

군사 개입의 대가

군사 개입이 모두 성공하는 것은 아닙니다. 미국의 경우 알 카에다를 제거하기 위해 대규모 군사 작전을 폈지만 알 카에다 조직이나 지도자들을 제거하지는 못했지요. 도리어 알 카에다에 새로운 지원자들만 몰려드는 결과를 낳았어요.

사실 군사 개입이 격렬한 논란이 되는 이유는 간단합니다. 군사 개입 때문에 많은 사람이 죽고 공동체가 파괴되기 때문이지요. 반면 군사 개입 지지자들은 대가를 치르더라도 개입을 통해 인명을 구하고 난민들을 보호해야 한다고 주장합니다.

▌ 1991년 제1차 걸프 전쟁 당시 전쟁의 참혹함을 보여 주듯 불타 버린 차들

사상자

　면밀히 계획된 군사 개입이라 할지라도 사상자는 생길 수밖에 없습니다. 적의 공격이나 아군의 오발로 죽는 군인도 많지만, 사실 사상자 대부분은 민간인입니다. 특히 아기, 어린이, 환자, 노인과 같은 노약자들이 큰 피해를 입지요. 도로가 파괴되어 교통이 끊기고 병원과 보건 시설이 부서지면 사람들이 부상으로 죽을 위험이 커집니다. 여기에 전기와 물 공급마저 끊긴다면 전염병이 퍼지고 사람들은 몇 달 혹은 몇 년을 고통스럽게 살아야 합니다.

　군사 개입을 지지하는 사람들은 첨단 무기들이 과거보다 훨씬 정밀해진 점을 주목합니다. 덕분에 군인이나 민간인 사상자를 줄이고 무차별적인 파괴도 막을 수 있다는 것이지요. 인공위성은 목표물을 정확히 집어내 더 정확하게 공중 폭격을 가할 수 있게 합니다. 또한 야간 투시 장비로 병사들이 24시간 내내 경비를 유지할 수 있게 되었습니다.

　하지만 아무리 치밀하게 대비해도 군사 개입은 여러 문제를 낳기 마련입니다. 먼저 집계할 수도 없을 만큼 많은 민간인이 죽거나 다치지요. 종종 민간인 사상자가 발생했다는 사실이 감춰지기도 합니다. 집속탄이나 열화우라늄 폭탄의 피해도 상당한데, 그 피해는 오랜 시간이 흐

알아두기

2006년 10월 유엔 총회 회원국들은 총과 전차 같은 재래식 무기를 국제적으로 거래하지 못하도록 통제하는 방안을 논의하기 시작했다.

른 뒤에 드러나지요. 생존자들 역시 무사하지 못합니다. 계속되는 폭격 속에서 심리적인 충격과 소음에 시달려 정신적 외상을 입습니다.

　오늘날 전쟁에서 첨단 무기만 사용되는 것은 아닙니다. 콩고민주공화국에서 일어난 전쟁처럼 가장 파괴적이기로 손꼽히는 전쟁에서도 주로 기관총이나 마체테(날이 넓고 무거운 칼. 주로 열대 지방에서 농사나 잡목 제거에 사용) 같이 단순한 무기들이 사용되었습니다.

군사 개입으로 오랫동안 잠재되어 있던 증오가 분출되고 반발이 더욱 커져 사회적 불안이 심각해질 수도 있다. 2006년 이라크에서 일어났던 자살 폭탄 테러 현장의 모습.

후유증

군사 개입이 모두 성공하는 것은 아닙니다. 미국의 경우 알 카에다를 제거하기 위해 대규모 군사 작전을 펼쳤지만 알 카에다 조직이나 지도자들을 제거하지는 못했지요. 도리어 알 카에다에 새로운 지원자들만 몰려드는 결과를 낳았어요. 유엔 역시 평화유지 임무에 나섰지만 크로아티아와 보스니아에서 일어난 인종청소나 대량 학살을 막지 못했습니다.

설사 군사 개입이 성공했을지라도, 이후에 예측하지 못한 결과가 나타날 수도 있습니다. 전쟁의 승자와 패자가 갈리면서 그렇잖아도 불안정한 사회가 산산조각이 나기 때문입니다. 또 인종이나 종교 집단들의 분열이 심화되어 정치적 화합이 더욱 어려워지기도 합니다.

물론 군사 개입이 혼란한 사회를 안정시키고 치안 문제를 해결하기도 합니다. 특히 유엔 등 국제 평화유지군이 사회 재건과 민주적 정치 과정을 돕는 경우 이런 효과를 기대할 수 있지요. 물론 군사 개입만으로 평화가 유지되는 것은 아닙니다. 당사자 모두가 오랜 기간을 노력해야만 진정한 평화가 찾아오지요. 지속된 전쟁으로 인해 극심한 빈곤에 처한 국가에는 경제적 지원이 꼭 필요합니다. 현실적으로 이런 지원이 완벽히 이루어지는 경우는 거의 없습니다. 몇 년만 지나도 기부 국가들이 약속을 어기거나 지원 대상을 바꾸기 때문이지요.

군사 개입을 비판하는 사람들은 군사 개입이 무분별한 판단에 의해 결정되며, 장기간의 결과에 대한 충분한 검토 없이 이루어지는 점을 지적합니다. 예를 들어 2003년 이라크 침공으로 독재 정권은 무너졌지만,

민간인들이 레바논 베이루트 남부에서 피란을 떠나고 있다. 2006년 8월 레바논은 이스라엘군의 폭격을 당했다. 약 1,500명이 사망했으며 90만 명이 난민으로 전락했다.

사회는 분열되고 혼란에 빠졌어요. 매일같이 폭력 사태가 발생해 사망자가 생겨나자 이라크인 다수가 미국을 미워하고 경멸하게 되었습니다.

예상하지 못한 결과

유엔 평화유지 임무처럼 선의에 의한 군사 개입도 예상하지 못한 결과를 낳곤 하지요. 고향에서 멀리 떠나온 젊은 병사들이 성매매나 마약 밀매에 빠지기도 합니다. 군사 개입이 물가 상승을 가져올 수도 있습니다. 보통 평화유지군 병사들과 현지 주민들의 소득 격차는 매우 큽니다. 그래서 군인이 다수 주둔하는 지역은 물가가 치솟곤 하지요. 물가가 오르면 원래부터 경제 기반이 취약했던 나라들은 더욱 어려움을 겪습니다. 장기적으로 외부 원조에 의존할 수밖에 없는 악순환이 계속되지요. 이 상태에서 평화유지군이 철수할 경우 과거의 분열과 긴장이 다시 나타날 수 있습니다.

대안 조치

군사 개입이 국제적 문제를 해결하는 최선의 방법일까요? 많은 사람들이 군사 개입은 최후의 방법으로 사용되어야 하며, 다른 방법을 먼저 찾아야 한다고 말합니다. 국제법을 어기거나 인권을 탄압하는 국가에는 외교적 압력을 가할 수 있습니다. 관리들에게 비자를 발급해 주지 않거나, 문화 교류를 중단하고, 경제 원조를 끊는 것이지요. 물론 이 방법에도 문제는 있습니다. 외교적 압력이 독재 정부에는 별다른 영향을 주지 못하고, 도리어 이들을 국제 사회에서 더 고립시키는 결과를 초래하기 때문이지요.

때때로 외교적 압력은 전쟁을 벌이는 당사자들이 협상을 하도록 이끌어 분쟁을 끝내는 역할을 하기도 합니다. 하지만 오랜 시간에 걸친

분쟁이 그리 쉽게 끝나진 않지요. 협상이 이루어진다 해도 협상 장소에
서 떨어진 곳에서 소규모 전투가 계속 벌어지는 경우가 많아요. 그래서
종종 분쟁을 끝내기 위해 합의를 하는 도중에 외부의 평화유지군이 들
어와 전투를 중지시키고 무장 해제를 감시하기도 하지요.

국제적인 경제 제재를 가하는 방법도 있습니다. 주로 유엔을 통해,

문제가 있는 정부를 징벌하려는 제재 조치는 종종 평범한 사람들에게 심각한 영향을 준다. 1993년
이라크인들이 유엔의 제재에 반발해 바그다드 유엔 본부에서 시위를 벌이고 있다.

해당 국가에서 생산한 물건의 교역을 거부하는 방식으로 말이지요. 이 조치에는 수입하거나 수출하는 모든 상품을 막는 광범위한 제재와 석유, 다이아몬드와 같은 특정 상품만 막는 제한적 제재가 있습니다. 남아프리카공화국에도 이런 경제적 제재가 가해진 적이 있습니다. 1949년부터 1994년까지 남아공에서 흑인을 백인보다 열등한 인종으로 대하며 인권을 보장하지 않자 여러 국가가 이를 변화시키고자 경제 제재를 내렸습니다.

하지만 경제 제재는 거의 효과가 없을뿐더러 부유한 국가에는 더욱 의미가 없습니다. 오히려 잔혹하고 무차별적인 결과를 가져오지요. 경제 제재 조치가 독재 정부를 징벌하지 못하고 오히려 내부의 부패를 조장할 우려도 높습니다. 부유한 사람들은 암시장에서 금지된 물품을 얼마든지 살 수 있지만, 가난한 사람들은 의약품 같은 필수품조차도 얻을 수 없기 때문이지요. 유엔이 이라크에 '석유-식량 교환 프로그램(oil for food programme, 식량이나 의약품 등 최소한의 생필품 구입을 위해 일정량의 석유 수출만을 허용하는 계획)'으로 경제 제재에 나섰을 때 이라크는 막대한 피해를 입었습니다. 이라크인 대부분이 가난해졌지만, 부패한 관료들은 상당한 이익을 얻었지요.

이렇듯 대안 조치는 효과가 나타나기까지 시간이 오래 걸리고, 종종 당사국 정부에 아무런 영향을 끼치지 못하는 한계가 있습니다. 가령 외교적 혹은 경제적으로 압박을 가한다고 해서 르완다의 집단 학살을 막을 수 있었을까요? 그래서 일각에서는 군사 개입만이 살육을 막고 민간인들을 보호하는 유일한 방법이라고 주장하는 것입니다.

한편 인간안보보고서는 전쟁이나 분쟁이 발생했을 때 초기에 개입해야 효과적으로 막아 낼 수 있다고 지적합니다. 꼭 군사 개입이 아니더라도 국제형사재판소 설립과 같은 국제적인 인권 정책부터, 젊은이들을 세계 각지에 파견해 서로 신뢰와 협력 관계를 쌓는 지역 평화유지 정책까지 다양한 방법을 동원할 수 있습니다.

다양한 관점

"생명을 구하는 긴급 구호 상황에서도 정치적인 움직임에 무관심해서는 안 됩니다. 특정 인류 집단을 말살하려는 행위에 중립적인 자세를 취하는 것은 옳지 못합니다. 이런 움직임을 막는 유일한 방법은 침략자들에 맞서 무장 개입을 요구하는 것입니다."

－2004년 4월, 국제 구호기구 국경 없는 의사회 프랑스 지회장
장 에르베 브라돌 회장

"침략이 인도주의로 위장되는 일은 없어야 한다. 국제법을 위협하는 세력이 있다고 해서 특정 국가들이 군사력을 언제, 어떻게 사용할지 일방적으로 결정해서는 안 된다. 이는 유엔과 유엔 헌장의 정신을 훼손하는 행위이다. 인권이 인간의 잘못을 판단하는 기준이 되어야 하는 것처럼 국제법으로 국제적인 범죄를 심판해야 한다. 어떤 개인이나 국가도 국제법을 좌지우지해서는 안 된다."

－2002년 1월, 미국 국제법 법률가 벤저민 페렌츠

■ '전쟁이 당신의 건강을 해칩니다.' 2001년 8월 마케도니아의 정전을 촉구하는 반전 광고.

인류의 과제

사람이 살아가는 데 경제적, 정치적 안정은 꼭 필요합니다. 그런데 얼마 되지 않는 자원을 두고 가난한 국가들끼리 다투는 사태가 벌어지고 있습니다. 이런 사태를 막기 위해서는 모든 사람이 교육을 받아 직업을 갖고, 삶의 질을 높이는 것이 중요합니다. 그렇게 해서 모두가 민주 국가의 국민으로 살게 된다면 세상은 더욱 안전해질 테니까요.

세상에 완전한 평화는 이루어질 수 있을까요? 아마도 불가능할 거예요. 국가 간 긴장은 항상 있을 것이며 자국민을 탄압하는 정부도 계속 존재할 것입니다. 21세기 인류의 과제는 군사 개입 없이도 분쟁을 평화적, 효율적으로 해소하는 방법을 찾는 것입니다.

2001년, 동남유럽의 작은 나라 마케도니아에서는 다수의 마케도니아계 사람들과 소수의 알바니아계 사람들 사이에 갈등이 발생했다. 갈등은 고조되어 내전 직전 상태까지 치달았다. 마케도니아 수도 스코페에서 활동하는 기자 아나 페트루세바는 당시를 이렇게 회상한다.

"2001년 마케도니아에는 좋은 일들이 많았습니다. **유럽연합**(EU: European Uion) 가입 협상이 진행 중이었고 경제도 회복되고 있었지요. 하지만 알바니아계 사람들이 정부의 탄압을 받고 있다며 무장 투쟁을 개시하면서 이 모든 것은 끝이 났습니다. 정부가 위기에 대처하지 못하자 국제 사회가 나섰습니다. 발칸 반도에서 또 분쟁 지역이 생기지 않도록 막아야 했지요."

스코페 주변 고지들에서 전투가 발생하자 마케도니아 정부는 알바니아계 민병대에 맞설 병력을 나토에 요청했다. 나토는 이에 동의했지만 정부와 반군이 정전 협정과 평화 정착에 합의할 경우에만 병력을 파견하겠다고 조건을 달았다. 2001년 8월 알바니아계 민병대가 전투를 중단하고 무기를 나토에게 넘기는 데 합의했다.

나토는 무장 해제 감시에 동의하고 15개국에서 병력 3,500명을 지원받아 마케도니아로 파견했다. 첫 달에 무기 대부분을 회수했고, 소수의 나토 병력만이 2002년 선거를 감시하기 위해 남았다.

아나 페트루세바는 말을 이었다. "합의 이후 인종 간 관계는 점차 개선되었습니다. 여전히 마케도니아계와 알바니아계가 분열되어 있지만, 전쟁이 다시 발생할 위험은 줄어들었습니다. 이제 마케도니아는 EU의 일원이 되기를 기대하고 있습니다."

군사 개입의 대안은 없을까?

- 군사 개입으로 인해 사상자가 발생하고 건물들이 파괴된다.
- 군사 개입을 찬성하는 사람들은 정교하고 정밀한 무기를 사용하여 인명 피해를 얼마든지 줄일 수 있다고 주장한다. 반면 군사 개입에 반대하는 사람들은 무기가 정교해져도 실수는 일어나며, 예상치 못한 전쟁의 피해가 오랜 시간이 지난 후에 나타날 수 있다고 지적한다.
- 외교적 압력이나 무역 제재와 같이 군사 개입을 대체할 수단이 있기는 하지만, 대개 시간이 오래 걸리며 항상 효과가 있는 것은 아니다.
- 더 공정하고 평화로운 세계를 위해 비군사적 대안을 찾아야 한다.

용어 설명

AU(아프리카 연합) 아프리카 국가들이 지역 문제를 해결하고 서로 협력하기 위해 만든 국제기구이다. 53개 회원국으로 구성되어 있다.

EU(유럽 연합) 유럽을 정치적, 경제적으로 통합하기 위해 결성한 연합 기구

NATO(북대서양조약기구) 1949년 창설된 미국, 캐나다, 유럽 국가들의 군사 동맹. 현재 회원국은 28개국이다.

게릴라 정규 군인이 아닌 민간인 등이 집단을 이루어 기습하는 전투 형태

난민 전쟁이나 정치, 종교적 탄압을 피해 떠난 사람

대리전 다른 국가를 대신하여 국가나 특정 세력이 전쟁을 치르는 것. 주로 비밀스럽게 치러지며 '비밀 전쟁'으로도 불린다.

민병대 주로 비정규 군인들에 의한 비공식 전투 부대

비행금지구역 적대국 항공기의 비행을 금지한 구역으로 적대국의 항공기가 발견될 경우 공격할 수 있다. 주로 민간인에 대한 폭격을 막기 위해 설정한다.

실패한 국가 군대와 경찰 조직이 무너져 자국민을 보호할 능력을 상실하고 혼란에 빠진 국가

안전지대 주민이나 난민들을 군대의 공격으로부터 보호하기 위한 지역

안전보장이사회 국제 평화와 안보를 유지하는 데 주요 책임을 지는 유엔 기구. 5개 상임이사국(중국, 프랑스, 러시아, 영국, 미국)과 10개 비상임이사국으로 구성되었다.

위임권 임무를 수행할 권한. 예를 들어 평화유지군이 난민을 보호하거나 특정 상황에서 공격을 수행할 경우 임무를 수행할 수 있도록 부여하는 권한을 의미한다.

인종청소 특정 인종을 강제로 제거하는 행위, 1991~1995년 발칸 전쟁에서 발생했다.

집단 학살 특정 국적, 인종, 종교 집단 전체
나 일부를 말살하려는 행동

쿠데타 무력으로 정권을 빼앗는 일

크메르루주 캄보디아의 급진적인 무장 단
체

패권국 군사력, 정치력, 경제력, 문화적 영
향력 등을 종합한 국력이 압도적으로 우월
하여 그 힘으로 다른 나라를 압박하고 자기
의 세력을 넓히려는 국가

1945년	유엔 창설. 최초 회원국은 51개국이었으며 현재는 193개국이다.
1948년	세계인권선언 발표. 유엔 정전감시기구가 만들어졌다.
1949년	미국, 캐나다, 서유럽 국가들이 나토를 창설했다.
1956년	영국, 프랑스, 이스라엘이 이집트를 침공했다(수에즈 위기). 정전 및 철군 감시를 위해 유엔 평화유지군이 처음으로 파견되었다. 소련이 헝가리를 침공했다.
1965~1975년	베트남 전쟁이 일어나자 미국이 대규모 군사 행동에 나섰다.
1975~1979년	크메르루주가 캄보디아에서 권력을 잡고 150만 명 이상의 사람들을 학살했다. 1979년 베트남 군대가 이들을 무너뜨렸다.
1990~1991년	이라크가 쿠웨이트를 침공하자 뒤이어 유엔 연합군이 이라크를 공격하였다. 이 공격을 일컬어 제1차 걸프 전쟁이라 한다. 쿠르드족 난민들이 터키 접경 지역으로 이동해 연합군의 안전지대에서 보호를 받았다.
1991~1993년	캄보디아에 주둔한 유엔 평화유지군이 선거가 민주적으로 치러

지는지 감독하고, 지뢰 제거 활동을 벌였다.

1991~1994년

소말리아에서 내전과 기아가 극심해지자 유엔과 미국이 개입했다. 하지만 지속되는 전쟁으로 소말리아는 '**실패한 국가**'가 되었다.

1991~1995년

구 유고슬라비아의 보스니아에서 전쟁과 인종청소가 발생했다. 유엔 평화유지군에게 충분한 권한이 주어지지 않아 사태 해결에 어려움을 겪었다.

1994년

르완다에서 집단 학살이 벌어졌다. 하지만 유엔은 아무런 조치를 취하지 않았다.

1999년

나토가 코소보 분쟁에 개입했다. 코소보는 나중에 유엔의 보호 지역이 되었다.

1998~2003년

콩고민주공화국에서 '아프리카판 세계대전'이 일어났다. 유엔 평화유지군은 나중에 강력한 위임권을 얻었고 병력도 늘렸다.

2000년

시에라리온에서 내전이 발생하자 영국군이 개입했다.

2001년

알 카에다가 9·11테러를 일으키자 미군이 아프가니스탄을 공격했다. 이로 인해 탈레반 정권이 무너졌고

유엔과 나토군이 아프가니스
탄에 새로운 정부가 들어서도
록 도왔다.

3월 미국이 이라크를 공격했
다. 3주 뒤 사담 후세인 정권이
붕괴함에 따라 전쟁은 연합군의
승리로 끝이 났다. 하지만 수많은
사상자가 발생해 이라크 사회는 극도
로 불안정해졌다.

2003년

2003~2006년

AU 평화유지군이 수단 정부의 반대를 무릅쓰고 수단 서
부 다르푸르 지역에 개입했다.

2006년

유엔 평화유지군이 콩고민주공화국에서 선거가 민주적으로 치
러지도록 지원했다.

더 알아보기

세계정책포럼 http://www.globalpolicy.org/

유엔의 정책 결정을 감시하는 독립 기구인 세계정책포럼(The Global Policy Forum)의 홈페이지

인간안보보고서 http://www.hsrgroup.org

인간안보보고서 공식 홈페이지로 전 세계에서 발생하고 있는 분쟁과 관련된 자료와 통계들을 볼 수 있다.

개입과 국가 주권에 관한 국제위원회 http://www.iciss.ca

개입과 주권에 관한 국제위원회(ICISS: The Independent International Commission on Intervention and State Sovereignty)는 캐나다 정부의 지원을 받아 설립되었다. ICSS는 보고서를 발간하여 개별 국가가 인권 보호의 책임을 다하지 못하면 국제 사회가 개입해야 한다는 주장을 펼쳤다.

R2P http://www.responsibilitytoprotect.org

집단 학살과 인권 탄압에 맞서는 '보호 의무' 원칙을 설명하고 있다. 다르푸르 상황에 대한 정보도 수록하고 있다.

전쟁과 평화 보도 연구소 http://www.iwpr.net

영국 런던에 본부를 두고 있는 비정부 기구인 전쟁과 평화 보도 연구소의 홈페이지. 전 세계 분쟁에 관한 기자들의 보도 내용을 모아 전달해 준다.

찾아보기

내인생의책은 한 권의 책을 만들 때마다
우리 아이들이 나중에 자라 이 책이 '내 인생의 책'이라고 말할 수 있는 책을 만들고자 합니다.

세상에 대하여 우리가 더 잘 알아야 할 교양
12 군사 개입 과연 최선인가? (원제: Military Intervention)

케이 스티어만 글 | 이찬 옮김 | 김재명 감수

1판 1쇄 2012년 7월 20일 | 1판 3쇄 2018년 1월 26일
펴낸이 조기룡 | 펴낸곳 내인생의책 | 등록번호 제10-2315호
주소 서울시 마포구 독막로 37
전화 (02) 335-0449, 335-0445(편집) | 팩스 (02) 6499-1165
전자우편 bookinmylife@naver.com | 홈카페 http: // cafe.naver.com / thebookinmylife
책임편집 박소란 | 편집 김지연 손유진 유정진 오혜림 강길주
마케팅 손지훈 | 제작 심재원 | 디자인 이선영

이 책의 한국어판 저작권은 Imprima Korea Agency를 통해
Hodder and Stoughton Limited와의 독점 계약으로 내인생의책에 있습니다.
저작권법에 의해 한국 내에서 보호를 받는 저작물이므로
무단전재와 무단복제를 금합니다.
ISBN 978-89-968869-6-9 44300
ISBN 978-89-91813-19-9 44300(세트)

Military Intervention
Copyright © 2007
Published by arrangement with Hodder and Stoughton Limited
on behalf of Wayland, a division of Hachette Children's Books
All rights reserved.

Korean Translation Copyright ©2012 by TheBookInMyLife Publishing Co
Korean edition is published by arrangement with Hodder and Stoughton Limited
through Imprima Korea Agency

책값은 뒤표지에 있습니다.
잘못된 책은 구입처에서 바꾸어 드립니다.

이 도서의 국립중앙도서관 출판시도서목록(CIP)은 e-CIP 홈페이지(http://www.nl.go.kr/ecip)에서 이용하실 수
있습니다. (CIP제어번호: 2012002939)

책은 나무를 베어 만든 종이로 만듭니다.
그래서 원고는 나무의 생명과 맞바꿀 만한 가치가 있어야 합니다.
그림책이든 문학, 비문학이든 원고 형식은 가리지 않습니다.
여러분의 소중한 원고를 bookinmylife@naver.com으로 보내주시면
정성을 다해 좋은 책으로 만들겠습니다.

세더잘 49

아프리카 원조 어떻게 해야 지속가능해질까?

위문숙 지음

아프리카 원조는 아프리카를 위한 것이다.
Vs. 현재의 원조는 강대국의 배만 불릴 뿐이다.

어려움에 처한 아프리카를 도와야 하는 것은 당연한 일입니다. 하지만 그 방법이 오히려 강대국의 부만 늘려주고 있다면 어떨까요? 천문학적인 금액이 투입되어도 3,000원의 치료제가 없어 죽어가는 아이들이 생기는 건 어째서일까요?

세더잘 48

인플레이션 양적 완화가 우리를 살릴까?

홍준희 지음

인플레이션 10% Vs. 세금 10%
어느 쪽이 우리에게 더 유리할까요?

돈을 더 찍어서 시중에 푸는 정책과 세금을 더 거두어들이는 정책. 사람들은 당연히 첫 번째 정책을 선택합니다. 하지만 돈을 더 찍어내면 그만큼 물가가 올라 거둘 수 있는 세금 역시 늘어나고 말지요. 그렇다면 세금을 더 거두는 정책이 좋은 정책일까요? 이 책은 양적 완화와 인플레이션을 중심으로 우리가 경제에 관해 알고 있던 상식을 다시 한 번 생각해 보게 합니다.

세더잘 47

저작권 카피라이트냐? 카피레프트냐?

김기태 지음

저작권은 반드시 법으로 보호해야 한다.
Vs. 일정한 요건을 갖춘 경우에는 저작권자의 허락이 없더라도
　　저작물을 이용할 수 있도록 해야 한다.

저작권의 역사와 종류, 저작권으로 보호받는 저작물은 어떤 것들인지, 저작권의 자유 이용을 허용하는 CCL, 어떻게 저작권을 이용해야 하는지 인터넷 세대인 아동청소년들이 꼭 알아야 할 저작권에 대한 모든 지식을 알려 줍니다.

세더잘 46

청소년 노동 정당하게 일할 권리 어떻게 찾을까?

홍준희 지음 | 하종강 감수

청소년 보호를 위해 청소년 노동을 제한해야 한다.
Vs. 청소년의 노동 권리를 인정하고 안전하게 일할 수 있는
　　노동 현장을 제공하는 데 노력해야 한다.

최근 100여 년간 인류의 식량 생산량은 꾸준히 늘어났지만 세계 곳곳에서 기아에 시달리는 사람은 여전히 넘쳐납니다. 이 책에서는 기아의 원인과 현실 그리고 기아 퇴치를 위한 갖가지 방법을 풍부한 사례와 함께 다루고 있습니다.

플라스틱 오염 재활용이 해답일까?

제오프 나이트 지음 | 한진여 옮김 | 윤순진 감수

친환경 플라스틱과 재활용으로도 충분히 플라스틱 오염을 막을 수 있다.
Vs. 플라스틱 오염의 근본적 대책은 플라스틱 사용을 금지하는 것이다.

플라스틱 탄생의 역사에서부터 플라스틱 생성 원리, 플라스틱 오염을 막기 위한 현실적인 대안들에 이르기까지 플라스틱을 둘러싼 역사적, 과학적, 사회적 주제들을 빠짐없이 다루고 있습니다.

글로벌 경제 나에게 좋은 걸까?

리처드 스필베리 글 | 한진여 옮김 | 강수돌 감수

글로벌 경제는 인류의 삶에 풍요를 가져왔다.
Vs. 글로벌 경제는 빈부 격차를 확대하고 환경을 파괴할 뿐이다.

글로벌 경제란 국가 간 무역량이 늘어나면서 나라와 나라 사이의 경제 활동이 더 자유로워지고 상호 의존도가 높아지는 경제를 말합니다. 글로벌 경제는 그동안 인류의 삶을 풍요롭게 하는 데 큰 역할을 했지만 한편으로는 환경 파괴나 노동 소외 등의 문제를 불러 일으켰습니다. 과연 글로벌 경제는 나의 삶에 좋은 것일까요?

제노사이드 집단 학살은 왜 반복될까?

마크 프리드먼 글 | 한진여 옮김 | 홍순권 감수

제노사이드는 정치 권력자의 범죄이므로 이들을 확실하게 처벌하면 재발을 막을 수 있다
Vs. 제노사이드는 국제사회(UN)와 개인들이 힘을 모아야 근절시킬 수 있다

인류 역사에는 한 민족이 다른 민족을 집단으로 학살하는 비극이 지속적으로 발생해 왔습니다. 아르메니아 대학살부터 아우슈비츠 학살까지 역사는 되풀이됩니다. 과연 제노사이드는 어떻게 막을 수 있을까요? 주동자를 처벌하면 될까요? 국제 사회의 노력이 필요할까요?

다문화 우리는 단일민족일까?

박기현 글 | 변종임 감수

우리는 단일민족이기 때문에 다문화 사회로의 전환이 원칙적으로 어렵다
Vs. 우리는 원래 다문화 사회였기 때문에 행복한 다문화 사회를 만들 수 있다

최근 한국 사회에도 다문화 가정이 많이 늘어나는 추세입니다. 하지만 여전히 다른 인종과 다른 민족에 대한 편견과 차별이 존재하고 있는 것이 현실이지요? 과연 한국은 다문화 사회로의 성공적인 전환이 가능할까요?

빅데이터 빅브러더가 아닐까?

질리 헌트 글 | 이현정 옮김 | 최진 감수

빅데이터는 새 시대를 열어 줄 신기술이므로 적극적으로 활용할 제도를 구축해야 한다.
Vs. 개인 정보 유출 등의 빅브러더 문제를 막으려면 데이터 활용을 적절히 규제해야 한다.

식품 산업에서부터 스포츠 경기에 이르기까지 빅데이터 기술을 활용한 시장 분석은 인류 생활에 큰 변화를 가져왔지요. 그런데 정보를 수집하는 빅데이터 기술의 특성상 개인 정보의 침해라는 인권 문제도 함께 재기되고 있어요. 과연 신기술은 어디까지 허용되야 할까요?

산업형 농업 식량 문제의 해결책이 될까?

김종덕 글

산업형 농업은 인류의 식량난을 해결한 획기적이고 효율적인 농업 방식이다.
Vs. 환경 오염이 심해지고 우리의 건강이 위협받고 있어 다른 대안을 찾을 때다.

인구 증가가 가속화되면서 인류는 식량 문제에 직면했고, 그 해결책으로 마치 공장에서 찍어내듯 대량으로 농작물을 경작하는 산업형 농업이 등장했습니다. 산업형 농업은 인류의 굶주림을 어느 정도 해결해 주었지만, 환경오염이라는 다른 문제점을 낳았습니다. 과연 인류는 산업형 농업 외에 다른 대안을 찾아야 할까요?

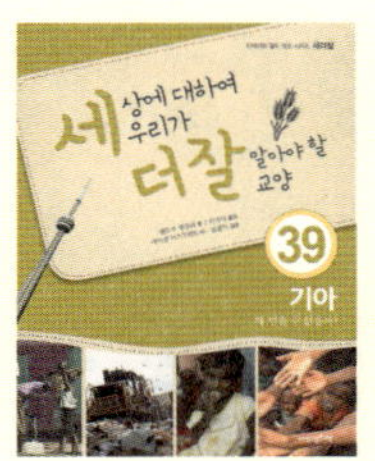

기아 왜 멈출 수 없을까?

앤드루 랭글리 글 | 이지민 옮김 | 마이클 마스트란드리 · 김종덕 감수

식량 생산량 증가를 통해 기아 문제를 해결할 수 있다.
Vs. 부패한 정치와 거대 자본에 휘둘리지 않는 공정한 분배를 실현해야 한다.

지금도 세계 도처에서는 8억 명이 넘는 사람들이 하루하루 끼니를 근심하며 살아가고 있습니다. 기아는 인간의 존엄을 뒤흔드는 심각한 문제입니다. 가난과 함께 대물림된다는 점에서 더욱 큰 문제지요. 우리가 어느 누구도 굶어 죽는 일 없는 미래를 찾아 낼 수 있을까요? 어떻게 하면 기아가 기아를 부르는 악순환을 끊을 수 있을까요?

슈퍼박테리아 과학으로 해결할 수 있을까?

존 디콘실리오 글 | 최가영 옮김 | 송미옥 감수

항생제 사용 제한이 가장 강력한 슈퍼박테리아 퇴치 방안이다.
Vs. 획기적 새 항생제 개발만이 슈퍼박테리아를 퇴치할 수 있다.

인류에게 새로운 공포의 대상으로 떠오르는 슈퍼박테리아는 항생제에 내성이 생겨 쉽사리 죽지 않는 변종 박테리아입니다. 슈퍼박테리아의 위협에서 벗어나기 위해서는 이제부터라도 항생제 사용을 줄여야 한다는 의견부터 슈퍼박테리아를 퇴치할 수 있는 새로운 항생제 개발에 노력을 기울여야 한다는 의견까지 여러 주장이 팽팽히 맞서고 있습니다. 슈퍼박테리아 감염으로부터 우리 자신을 지키는 가장 적절한 해결책은 무엇일까요?